第１回 中友会出版文化賞受賞作

七歳の僕の留学体験記

大橋遼太郎 著

日本僑報社

はじめに

ここ数年、人類はこれまでに経験したことのないコロナ禍に見舞われ、さまざまな移動や交流が制限され、改めて人と人との繋がりの大切さを痛感している人も少なくないだろう。

私もその一人である。大学の授業はほぼオンラインになり、友人と直接会うのもままならない――そんな憂鬱《ゆううつ》な日々を支えてくれたのは、中国で過ごした日々の記憶だった。

暇つぶしに当時の日記を読み返し、アルバムをめくっていくうちに、その記憶は、ますます輝きを帯び始め、何でもないような日々が、かけがえのないものであったのだ、と改めて感じたのである。そして、その日々の記憶が、私を書くことに突き動かした。

この本は、当時七歳だった「僕」が、ある日突然親の都合で中国現地の小学校に入れられ、そこで過ごした実体験を綴《つづ》ったものである。

コロナ禍の影響がまだ大きいとはいえ、グローバル化が叫ばれて久しい今日、家族ぐるみで海外に滞在する機会が増え、ますます多くの子どもたちが「僕」のような体験をすることになるだろう。そうした状況下において、小学生の視点で書かれたこの体験記は、親世代や教育者・研究者などにとって、海外での生活を余儀なくされた子どもたちの心理を理解する一助となり得るだろう。また、見知らぬ土地で、異国の言葉や人々に囲まれて暮らす子どもたち自身にとっても、今と未来を生きる指針になれたらと願う。また同様に、海外から家族を伴って日本で生活する方々の参考にもなり得るだろう。

この本を通じて、私の中国体験や中国の友人たちとの思い出を読者の皆様と共有することで、日中両国の人々の相互理解に繋《つな》がれば幸いである。

二〇二三年初春

大橋遼太郎

目次

はじめに 3

第1章 少年、中国へ連れていかれる

1 中国へなんか行くもんか! 10
2 旅立ちの時 12
3 どうして、僕はここにいるんだ!? 18
4 夢 25
5 手紙 28

第2章 少年、中国で狂う

6 がんばれ、趙一橋《ズァオイーチャオ》くん 32
7「自主」=「強制」 35
8 狂い始めた「ものさし」と丸付け事件 38
9 折り紙外交の樹立 46
10「だるまさんが転んだ」の神髄《しんずい》 52

11 笑顔と変顔と世界共通語 54
12 ブレーキが狂う 61
13 昼ご飯の時間 68
14 李《リー》くんとの契《ちぎ》り 73

第3章 少年、中国で暴走する

15 再び秋が来て 78
16 リーダーの条件 83
17 ニックネーム大作戦 87
18 学校が塾に大変身 93
19 中国の子はよく勉強する!? 97
20 止まらない暴走とスパッツのすすめ 101
21 戦争にぶち当たる 110
22 お楽しみ会 115
23 中国少年の中国少年による中国少年のための〜 123

第4章　少年、中国で思い知る
24　三度目の秋　132
25　出会いと別れ　138
26　謎の少年Xが教えてくれたこと　141
27　年下の六年生に叱《しか》られて　145

終章　少年、中国とお別れする
28　人生最大の計《けい》　152
29　声が聞きたくなって　156

エピローグ　158
謝辞　160

第1章

少年、中国へ連れていかれる

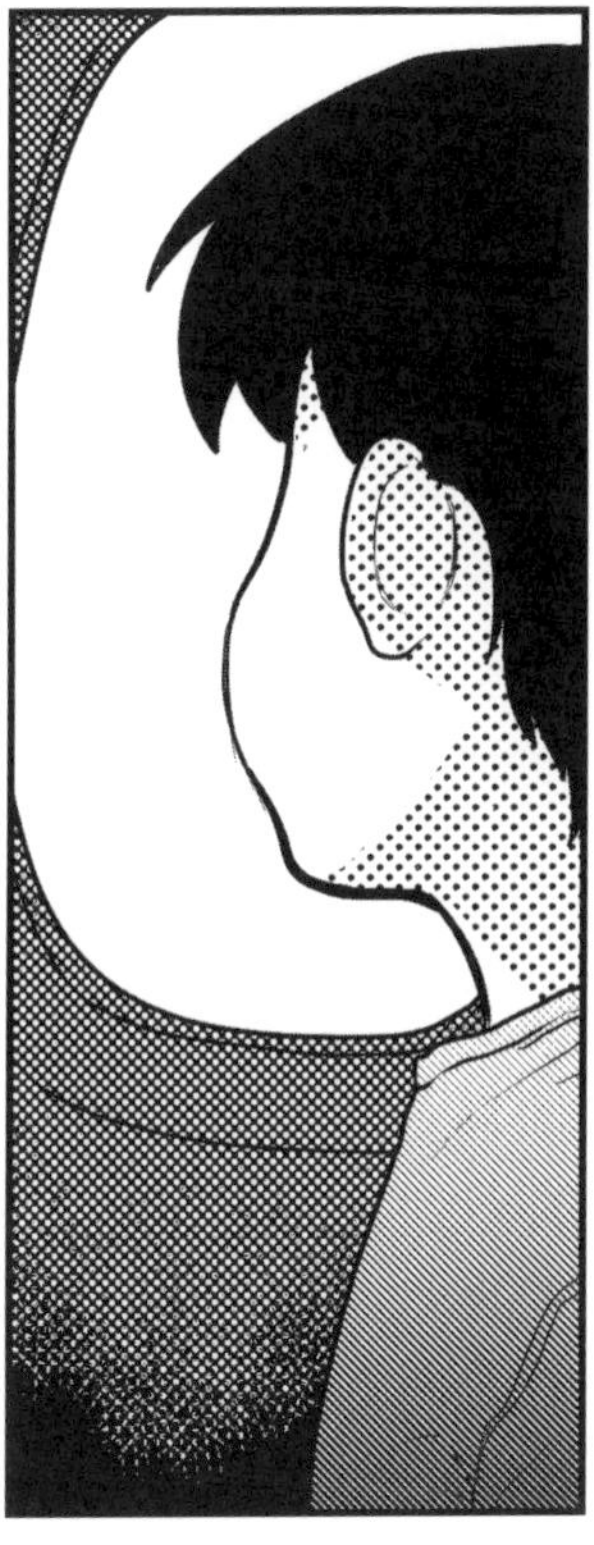

1 中国へなんか行くもんか！

「遼太郎が二年生になったら、中国の学校に通ってもらうから」

数カ月前、中国留学が決まったという母から、一方的にこう宣告された僕。それからというもの、この言葉が頭から離れない。そして、僕を暗闇《くらやみ》へ引きずり込む。

「二年生になったら、中国の学校に……」

嫌だ！　僕は行かない。中国？　それって、どこ？　留学？　そんなの一人で行けばいいじゃん。僕は付いて行かない。僕は、一年二組のみんなと別れるのが嫌だ。そんな知らない所へなんか行くもんか！

二年生になったら、僕にはやりたいことがいっぱいあった。思い描いている未来があった。夢があった。

——野底川遠足で、長い滑り台を一気に滑り降りて、かっこよくガッツポーズを決める。音楽会で、頭の上からきれいな声を出して、小林先生からお墨付《すみつ》きをもらう。かけっこで一位をとって、みんなのヒーローになる。そして……。そして……。
だから、中国へなんか行かない！　絶対に行かない！　意地でも行かない！　誰が何と言おうと行かない！　柱にしがみ付いてでも行かない！

僕は、そう決心したはずだった。

2 旅立ちの時

小学二年生に進級して約一カ月後の五月九日、僕は母と中部国際空港にいた。

北京行きのボーイング７４７が滑走路の端まで移動し、離陸態勢《りりくたいせい》に入ろうとしている。予想よりもはるかに大きい主翼を小さな窓から見下ろし、「この鉄の塊《かたまり》が本当に空に浮かぶのか……」と、信じられない思いでその瞬間を待っていた。

客室乗務員のアナウンスが日本語・英語・中国語でシートベルトの着用を促《うなが》す。もちろん、僕は日本語しかわからない。通路側に座っている母のやり方を真似てシートベルトを締めてみると、一気に緊張感が高まった。

今から数カ月前、突然母から中国行きの宣告を受けてから、今日の今日までその話は夢であって、現実には起きないんじゃないかという気がしていた。しかし、いざ空港へ来て、本物の飛行機に乗り込み、今まさに飛び立とうとしているこの瞬間、目が覚めたのだ。

……夢じゃない。僕は、本当に、中国へ行くんだ。

中国は母の生まれ故郷で、八歳まで暮らしていた所らしい。それ以上のことは、七歳の僕にはよくわからなかった。

僕の大好きな餃子は中国料理らしいけど、その中国がどこにあるのかなんて考えたこともなかった。ましてや、僕がそこに行くことになるなんて……。

僕は、中国へなんか行かない、と心に固く誓《ちか》っていた。本気で、一人になっても日本に残るつもりだった。

しかし、何がどうなってこうなったのか、今でもよくわからない。たぶん、プラレールのおもちゃを全部持って行ってもいいとか、向こうでもいっぱいおもちゃを買ってあげるとか、中国には日本で見られない電車がいっぱい走っているとか、母が並べた美辞麗句《びじれいく》にまんまと乗せられたのだろう。

気が付けば、中国行きの話は、もう動かしようのない決定事項になっていた。

二年生になってから、担任の小林先生もいつの間にか中国行きのことを知っていて、

「いいわねぇ、中国に行けるなんて。先生も行ってみたいな。遼太郎君ならすぐに言葉を覚えて、きっとうまくやっていけるよ」

とか言うし、二組のみんなも、

「いいな。いいな。うらやましい。中国に行ったら、おいしい料理がいっぱい食べられるじゃん」

とか言うし……。

でも、僕はみんなとお別れするなんて想像できない。春の遠足も楽しみだったし、音楽会だって……。「遼太郎君の声、のびやかできれいだね」って、小林先生に褒《ほ》められてから、もっと褒められたくて、毎晩お風呂で練習してきたのに……。運動会だって、一年生の時のかけっこは三位だったから、来年こそは、と思って、毎日走って学校へ行っていたのに……。それなのに……。

飛行機のエンジンが「ゴー」と唸《うな》りを上げ、パワー全開で大きな鉄の塊を動かす。空港の待合室で食べたサンドイッチが、お腹の中で存在感をアピールしてくる。体がシートの

背もたれに押し付けられ、空気砲を撃《う》ち込まれたかのように、耳の奥がキーンとする。母に教わった方法で何度も唾《つば》を飲んでみるけど、空気砲はビクともしない。

飛行機が滑走路の真ん中くらいまで進んだ所で、「ゴー」というタイヤから聞こえてくる唸りが止み、「スー」と機体が軽くなるのを感じた。窓の外に目を向けると、建物や線路が模型のように小さくなっていく。まるでジオラマのようだ。こんなに広くて精密なジオラマは今まで見たことがない。

しばらくして機体は角度を緩め、速度を落とした（ように感じた）。

窓の外は、綿菓子のような白い雲が広がっている。その雲の隙間《すきま》からかすかに青い海が見える。

これから数時間後、僕は中国にいる。まだ、信じられない。でも、なぜだか不安はない。というより、不安を感じるほど、先を想像する力がないのかもしれない。不安というより、寂しいという言葉の方が、今の気持ちに近いかもしれない。母に悟られないように明るく振る舞っているけど、今朝、家を出発してからずっと、二年二組のみんなの顔が頭に浮かんできて、泣きそうになる。

隣の母は、さっきまで座席のポケットに入っていたパンフレットを読んでいたのに、もう眠ってしまったようだ。

みんなは今、何をしているんだろう……。静かに授業を受けているかな。いや、きっとそんなことはないな。「静かにしなさい！」という大きな雷が、小林先生の口から落ちているにちがいない。

今日の朝の会でも、あの歌を歌ったのかな。中国へ行くことが決まってから、小林先生が「遼太郎君のために心を込めて歌いましょう」と言って、朝の会と帰りの会に歌うことになったあの歌を……。

僕はその歌を、母に気づかれないようにそっと口ずさんだ。

♪表したい気持ちはいつだって
胸の中にたくさんあるけれど
みんなきっと本当はね
わかり合いたくて　でも
うまくそれが　言えないから
もどかしいよね

ねえきみ　歌おう
歌は言葉を越えるから
ねえきみ　歌おう
歌は心をつなぐから……♪

（「ねえ 歌おう」作詞・作曲 中山真理）

僕は、二年二組の一人ひとりの顔を思い浮かべながら歌った。

「みんな、行ってくるよ。三年間なんて、きっとあっという間だ。三年後に帰って来るまで、僕のことを忘れないでね」と、心の中でつぶやいた。

飛行機はさらに高度を上げ、厚い雲の中へ入っていった。

3 どうして、僕はここにいるんだ!?

中国に来てから、アパート探しや市内観光、買い物などで、毎日なんやらわからないうちに時間が過ぎ、あっという間に入学式の日が近づいてしまった。

日本では二年生の僕だが、新年度からもう一度一年生になる。というのも、アパートから一番近い「今典《ジンデェン》小学校」へ行って入学手続きをした時、「中国語がぜんぜんわからないのなら、一年生から学んだ方がいいね」と、教務主任の朱《ズゥ》先生の鶴の一声で決まったのだった。

一週間前、入学の最終確認のために今典小学校へ行った時、朱先生はいろいろと教えてくれた。一年生は、一クラス四十五人の計六クラス。僕は一年一組。学級担任は、国語と算数の教科担任でもある賈《ジャア》先生。年齢は五十代で、学年主任も兼ねている。入学式は九月一日の土曜日、本校の校庭で行われる。「雨の場合はどうするんですか」と心配した母に、

「雨は降りません」ときっぱり断言した朱先生。その朱先生は、「日本人は全校で君一人だけだが、子どもは言葉を覚えるのが速いから、きっとうまくやっていけるよ」と、僕の肩を叩《たた》いた。

日本の小林先生も中国の朱先生も「きっとうまくやっていけるよ」と言うけど、本当にうまくやっていけるのかな?

入学式の朝、アパートの小さな窓から北京の空を見上げた。天気は、朱先生の予報通り、晴れ。雲一つない「日本晴れ」だ。と言いたいところだが、ここは中国。言うなれば、「中国晴れ」かな。

窓越しに、「いよいよ中国での生活が本格的にスタートするんだ」と思いながら、青々とした空気を思いっきり吸おうとした。だが、上手くいかない。不安がじゃまをする。何が不安かと聞かれても、その正体がよくわからない。よくわからないから、ますます不安になる。母は朝食に、中国に来てから大好物になった「油条《ヨウティアオ》(あげパン)」を用意してくれたが、半分しか食べられなかった。

母と今典小学校に向かう途中、真新しいカラフルなリュックを背負い、親に手を引かれている子たちの姿が目に飛び込んでくる。自転車の後ろに乗せられて来る子もいる。校門に近づくにつれ、その数がどんどん増えていく。どの顔も、爽《さわ》やかな秋の陽の光に照らされて輝いている。僕以外は……。

校門まで来ると、人だかりができていた。なんだろう、と様子を見ていると、付き添いの親たちは足止めされ、子どもだけが校門に入ることを許されている。どうやら、入学式に親たちは同席してはいけないようだ。

——お家の人は、一緒に入れないの？　そんなの聞いてないよ。

入学式では、親たちも一緒に教室まで行くものだと思い込んでいたから、出鼻をくじかれてしまった。

——これからは、予測不可能なことに一人で挑《いど》んでいかなくてはいけないのか……。

急に、石を投げ込まれたかのようにお腹が重くなってきた。

中国に来て三カ月が経っても、気持ちが後ろ向きのためか、僕の中国語はまったく伸びなかった。僕が話せる中国語はというと、「你好《ニーハオ》（こんにちは）」「谢谢《シェシェ》（ありがとう）」「再见《ザイジェン》（さようなら）」「知道了《ジーダオラ》（わかった）」「这个《ジェガ》（これ）」の五語くらいだった。それでも、いつも母と一緒だったから、中国語がわからなくてもどうにかやってこられた。

――これからは、自力で生きていかなくてはいけないのか……。

石が一つ二つ三つ……と、お腹に積み込まれていく。とうとう重みと痛みに耐えられなくなり、僕はお腹を押さえて座り込んでしまった。体に力が入らず、身動きができない。

――どうして、僕はここにいるんだ⁉ ……今すぐ日本に帰りたい。

急にグレ出したいような、暴れ出したいような感情が僕の心に顔を出す。

七年間生きてきて、こんな感覚になるのは初めてだ。

母は、僕の背中を擦《さす》りながら、校門にいる数人の先生を見渡した。朱先生を探しているようだった。しかし、朱先生が見当たらないので、しかたなく近くの先生に事情を話した。怪訝《けげん》そうに話を聞いていたその先生は、少し奥へ行って携帯を取り出し、しばらく誰かとやり取りをしてから僕たちに手招きをした。

僕はお腹の痛みを堪《こら》えて、母と一緒に今典小学校の門をくぐった。家の人と一緒に校門をくぐったのは、僕だけだった。なんとなく他の人に悪い気がした。

校庭に入ると、上級生が新入生をクラスごと、背の順に整列させていた。僕は一番後ろになった。少しほっとした。自分だけ違う動きをしてしまっても、バレないで済むかもしれない。

式典が始まった。校長先生らしき年配の先生が、校庭に設置されたステージに上がってスピーチを始めた。スピーチの声が、マイクのスピーカーを通して校庭を突き抜け、周囲の高いアパートに当たって跳《は》ね返ってくる。何を話しているのかまったくわからないのは、聞こえにくいスピーカーのせいばかりではないことはわかっている。

「子どもは、言葉を覚えるのが速いからね」と中国に来る前、小林先生は母と話していたし、朱先生も同じようなことを言っていたけど……。「速い」ってどのぐらいなんだろう……。「速い」って、カレンダーの日付に何回×《バツ》を書けばいいんだろう……。

続いて、赤いワンピースを着た新入生らしき女の子が、ステージに上がり、校長先生に引けをとらないほど堂々とスピーチをしている。しかも、原稿を持たずに。

スピーチが終わると、さっきよりも一段と大きな拍手が聞こえてくる。その拍手のする方に目をやると、幅三メートル・高さ二メートルほどある校門の柵《さく》の間から、親たちが、我が子を見ようと背伸びをしたり、顔を左右に動かしたりしていた。その様子は、「この檻《おり》から出して、校庭に入れて！」と、もがいているように見え、僕だけ母が近くにいることに後ろめたさを感じた。

それから国旗の掲揚《けいよう》が行われ、式典はようやく終わった。

その後、本校から五百メートルほど離れた、一・二年生の教室がある分校に歩いて移動した。直立不動でわからない言葉を聞いているより、お腹も、グレて暴れ出したい気持ちも少し楽になった。

一年一組の教室は、分校の校舎の一番手前の教室だった。教室に入ると、担任の賈先生の指示で、背の低い順に前から座らされた。僕は、窓側から三列目の一番後ろの席になった。それから、賈先生が短いあいさつをして、次の日の予定を黒板に書き、配られた連絡帳に写せと言った（ようだった）。六時間目までの教科と授業の内容のようだが、全部漢字で書かれていた。ひらがな、カタカナは一つも見当たらなかった。「中国は漢字の国」と聞いてはいたが……。本当だったんだ。

僕はまだ、目の前の現実に直面してからでないと、「本当なんだ」と認識できない。経験していないことを言葉だけで説明されても、何のことだか想像できず、ピンとこない。今は、その言葉さえも僕にはわからない。

黒板に書かれた文字を、どうにかして連絡帳に写さなくてはいけない。日本の小学一年生で習った漢字は写せるが、まだ習っていない漢字は、どこから書き出せばいいのかもわからない。きっと他の子も困っているだろう。僕は、そーっと周りを見渡した。

僕は自分の目を疑った。

みんな何食わぬ顔で黒板の漢字を写していた。入学したばかりなのに、鉛筆の持ち方も日本で習った「書写」の教科書のお手本通りだった。

僕は、気後れした。でも、「シャーシャー」と周りから聞こえてくる勢いのある音を、必死に追いかけていくしかなかった。

一時間目は「?·文」。「つくり」は「吾」だが、「へん」がへんてこりんだ。漢字というより、意味が分からない記号のように見える。二時間目は……。三時間目は……。

六時間目までようやく写し終えた時、どっと疲れが押し寄せてきた。

――やはり、やっていけないよ……。

僕は、先が見えない暗いトンネルに取り残され、独りぼっちになってしまったような怖さと心細さを感じた。

そして、暗いトンネルの中で僕は叫んだ。

どうして、僕はここにいるんだ⁉

4 夢

入学式がようやく終わり、僕は這《は》うようにしてアパートに帰った。そして、ベッドに倒れ込んだ。お腹の痛みに耐え、グレて暴れ出しそうになる心を抑え、わからない中国語の連続砲撃をかわし、見慣れない記号と格闘した僕は、持っているエネルギーをたった一時間ですべて使い果たしてしまった。

僕は、死んだように眠った。昼ごはんも食べずに。そして、短い夢を見た。

二年二組の教室から歌声が聞こえている。廊下にいる僕は、そーっと教室の前のドアの窓から中をのぞき込む。でも、白いフィルターが目の前にかかっていてよく見えない。しばらく、じーっと目を凝《こ》らしていると、少しずつ中の様子がわかってくる。

小林先生がオルガンを弾き、みんなは黒板に貼《は》られた模造紙の歌詞を見ながら、口を大きく開けて歌っている。

♪表したい気持ちはいつだって
胸の中にたくさんあるけれど
みんなきっと本当はね
わかり合いたくて　でも
うまくそれが　言えないから
もどかしいよね……♪

歌を聞きながら、何かに導かれるかのように、僕の視線はゆっくりと黒板の右上に向けられる。「五月九日」。なんとなく印象的な日付だ。でも、何の日か思い出そうとしても思い出せない。そして、視線は黒板の右下へ導かれていく。黒板が朝の光を反射して、よく見えない。また、しばらく目を凝らしていると、そこには「とうばん　おおはし　りょうたろう」と書いてあった。

――今日の当番は、僕か。

視線は滑らかなカメラワークのように、またみんなの方へ戻される。

口を大きく開けて歌っているみんなの中で、一人だけ体を大きく揺らしながら歌っている子が目に留まった。

誰だ？

僕は、目を細めた。

その子の、ボールのように丸い顔が少しずつ、はっきりと見えてくる。


——僕だ！


そこで、目が覚めた。

……夢か。……夢だったのか。

そう気づいた瞬間、一気に涙があふれた。

5 手紙

僕は何度か母に起こされたが、結局夕飯になるまでベッドでゴロゴロしていた。夢の続きが見られたらいいな、と願いながら何度も眠りにつこうとした。でも、だめだった。夕飯を食べながら、我慢できずにさっき見た夢の話を母にした。もちろん、泣いてしまったことはふせて。

僕の話を聞き終えてから、

「夢はね……」

と、母はゆっくりと語り始めた。

母の話はいつもより長かった。でも、僕はじっと聞き入った。母の話を短くまとめると、

「夢の中に人が出てくるのは、その人が夢を見ている人に会いたいからなんだよ。だから、日本のみんなは、遼太郎のことを心配して、エールを送るために夢にあらわれたんだよ」

ということだった。

「僕にエールを送るために……。そうだったのか……。エールを送るために……」

僕は、なぜだかお腹の奥底からエネルギーがわいてくるような気がした。

「僕にエールを送るために……」

この言葉が僕の頭の中でループする。

さっきまでご飯がのどを通らなかったのに、急に腹の虫が鳴き出した。

それから、食べそびれてしまった昼ご飯の分も取り戻す勢いでモリモリ食べた。気が付けば、テーブルにあったおかずを全部平らげてしまった。

お腹いっぱい食べたら、なんだか元気が出てきた。

シャワーを急いで浴びてから、お別れ会にみんなからもらった手紙を読み返した。「がんばってね、りょうたろうくん」「がんばってね」と、繰り返し出てくる文字を読んでいると、不思議と「がんばらなくちゃ」という気になっていく。お別れ会でもらった直後に読んだ時よりも、なぜだか今の方がみんなの言葉が心に届く。

その夜遅く、僕は日本のみんなに手紙を書いた。

僕はがんばる。みんなの応援に応えられるようにがんばる。中国語をがんばる。勉強をがんばる。漢字もがんばる。友達ができるようにがんばる。

決意表明のような、果たし状のような内容になってしまったけど、今の気持ちを素直に書けたと思う。

僕はみんなの応援に応えたい。三年後、日本に戻った時、「遼太郎君、本当にがんばったね」と小林先生からも、みんなからも褒めてもらえるようにがんばろうと思う。

そしてその手紙に、天安門広場で撮った決め顔の写真を同封した。

時計を見ると、とっくに寝る時間を過ぎていた。でも、僕の気持ちは晴れやかだった。

第2章
少年、中国で狂う

6 がんばれ、趙一橋《ズァオイーチャオ》くん

入学式の次の日は日曜日。僕は、配られた教科書に名前を書いた。真新しい教科書に名前を書くのは、中国の教科書であってもワクワクする。僕は、中国名を書いた。

そう、僕は中国名を準備していたのだ。

中国名を付けることになったのは、入学手続きを手伝ってくれた知り合いの提案に加え、「中国の学校に通うのなら、中国名の方が呼びやすいし、友達もすぐにできるよ」と、教務主任の朱先生も太鼓判を押したのが決め手だった。

中国名をもつなんて考えもしなかったが、本名の他にもう一つ名前があるなんて、まるで芸能人みたいでワクワクした。

中国名の話がもち上がった時、僕はすぐ、ある候補が頭に浮かんだ。

中国に来る前、近くに住むいとこのお兄ちゃんの家で、三国志のゲームでよく遊んだ。僕は観戦と応援の担当だったが、いとこのお兄ちゃんと同じ、蜀《しょく》の国の軍師「諸葛亮《しょかつりょう》」が好きだった。「諸葛亮」のように頭が良かったら、中国語もすぐにわかるようになるかもしれない。そんな願いも込めて、僕の名前の「遼太郎」の代表文字の「遼」を「亮」と変えて、ずばり、「諸葛遼」！　どうだ！

僕は、「諸葛遼」を母に提案してみた。だが、

「それは、おそれ多い。『諸葛』を簡単に名乗ってはいかん」

と、あっけなく却下されてしまった。

母は母で、どんな名前がいいか、知り合いから助言をもらっていたようだ。数日後に母が提案したのは、次のような名前だった。

趙《ヅァオ》一《イー》橋《チャオ》

「趙」は、母が中国にいた頃に使っていた苗字だという。「一橋」は、「中国と日本を繋《つな》ぐ、大きな架け橋になれるように」という願いがあるのだとか。

なんとなく、スケールが大きく、身の丈に合っていないような気もする。が、「趙」が必須《ひっす》条件なら、しかたがない。

こうして、僕の中国名が決まったのだった。

教科書の一冊一冊に「趙一橋」と書いた。

よろしくな、趙一橋くん。がんばれ、趙一橋くん。日本のみんなにも、がんばるって言っちゃったからな。がんばってもらわないと困る。だから、がんばれよ。

まだしっくりこない中国名を、僕は丁寧に丁寧に書いた。

7 「自主」＝「強制」

月曜日、八時の授業開始に間に合うように、僕と母は余裕をもって学校へ向かった。今典小学校の一・二年生の教室がある分校へは、アパートから五分ほどで行ける近さだ。だが、学校までが遠く感じる。お腹の調子も、まだ本調子とは言えない。

校門に来るまでの間、一年生らしき子を何人も見かけた。同じアパートからもいっぱい通っているらしい。どの子も家の人と一緒に登校している。自転車に乗せられて来ている子もいる。

日本にいた頃は、入学式の次の日から、三十分かかる通学路を友達と二人で歩いて通っていた。家の人の付き添いなんてなかった。でも、中国では、家の人が子どもの登下校の送り迎えをするのが当たり前のようだ。

校門で母とバイバイして、僕は一年一組の教室に向かった。教室の前まで来て、「がんばるぞ」と気合を入れていると、教室の中から元気な声が聞こえてきた。もしかして、授業がもう始まっているかもしれない、と不安がよぎる。教室のドアには窓が付いていないため、中の様子を見ることができない。

――どうしよう……。

そこへ、背の高い女の子が、メープルシロップのようなつやつやのポニーテールを軽やかに揺《ゆ》らして、教室に入って行く。

――今だ。今しかない！

僕は、そのポニーテールに隠れるようにして、教室に飛び込んだ。

教室では、みんな国語の教科書を机に垂直に立てて、カエルの合唱のように声を合わせて朗読をしていた。賈先生も黒板の前で一緒に朗読している。

――遅刻しちゃった……。

叱られるかもしれないと思いながら、おそるおそる席に着いたが、誰も僕たちが教室に入って来たのを気にかけていないようだ。

黒板の上の時計に目をやると、針は七時四十分を指していた。

――な～んだぁ。ぜんぜん余裕だったんじゃん。

と、胸をなでおろした。が、疑問がわいてくる。

——授業は八時に始まるんじゃなかったっけ？　しかも、どうしてみんな、習っていない漢字をスラスラと読めるの？

その日の放課後、迎えに来た母が賈先生から聞いたことだが、七時半からの「自主学習の時間」は、自主性に任せてはいるが、全員参加が原則なのだそうだ。要するに、「自主学習」という名の「強制学習」なのだ。

——恐るべし、中国。

そして、みんなはすでに、幼稚園や保育園で簡単な漢字を習っているから、一年生の教科書の最初の簡単な文章くらいは読めるのだそうだ。

——やるなぁ、中国の子どもたち。

「がんばる！」と気合を入れてきたのに、不安と焦りが増すばかり。

僕は、前の席の子に習って国語の教科書を開き、読めない記号をぼーっと眺《なが》めることしかできなかった。

8 狂い始めた「ものさし」と丸付け事件

次の朝、七時半からの「強制……」、いや、「自主学習の時間」に間に合うように、気合を入れてアパートを出た。

一年一組の教室の前まで来て、耳を澄まして中の様子をうかがった。今日は、静かだった。朗読はまだ始まっていないようだった。

――よ～し。

もう一度気合を入れて、教室に入った。中を見渡すと、まだ来ていない人がパラパラといたが、ポニーテールの女の子は、僕の右斜め前の席にもう座っていた。

――あの子も、「自主」＝「強制」に気づいたな。

僕は、ひらがなやカタカナがまったくない、へんてこりんな記号だけの国語の教科書を開き、ぼーっと眺めた。意味も読み方もわからない記号たちは、すぐに僕を遠い海の向こうへと連れていく。

——日本のみんなは、今何をしているんだろう。こんな早い時間だから、まだ誰も学校に着いていないよな。今日も朝の会で、あの歌を歌うかな？

♪表したい気持ちはいつだって
胸の中にたくさんあるけれど
みんなきっと本当はね
わかり合いたくて　でも
うまくそれが　言えないから
もどかしいよね……♪

——もどかしい……。何もかもが、もどかしい。ん？　そうか。この歌は、僕の気持ちを歌ってくれていたのか……。小林先生は、僕がこうなるとわかっていたんだ。僕のことをわかっていたんだ。やはりすごいな、小林先生。……小林先生……。日本のみんな……。

突然、

「大家好《ダージャーハオ》！（みなさん、おはよう！）」

と大きな声がした。顔を上げてみると、賈先生が黒板の前に立っていた。夢のような時間は、シャボン玉がパチッとはじけるように一瞬にして消えた。

賈先生は、クラスに向かって何か指示を出した。すると、みんな椅子の後ろにかけてある通学カバンの中から、Ｂ５サイズの教材を取り出した。計算ドリルだ。

——今日は朗読じゃなくて、計算ドリルをやるのか。

計算なら僕は得意だ。足し算と引き算の百マス計算は、いつも三分以内にできた。それに、足し算や引き算の符号も数字も、日本と同じはずだ。

僕は、計算ドリルの一ページ目を開いた。

——習ったことがある問題だ。よ～し、僕にもできる！　がんばるぞ！

賈先生がストップウォッチを取り出し、スタートの合図をした（ようだった）。

僕は、間違わないように丁寧に解いた。ほぼ解き終わりそうになったころ、

「ダオ！」

と、勢いのある声が聞こえた。

——なんだ？　ケンカでも始まったのか？

そう思いながら、声がした方を見ると、立っている輩《やから》がいた。そして、次々と、

「ダオ！」

「ダオ！」

と言いながら、立ち上がっていく。

——なるほど。解き終わった人は「ダオ」と言って、立つんだな。

賈先生は、その立ち上がったタイミングに一、二秒遅れてタイムを言っている（ようだ）。立ち上がった人は、言われたタイムをドリルのページに書き込んでいる。

クラスのほぼ三分の二が立ち上がったところで、制限時間になったようで、賈先生は
「やめ！」

と言った（ようだった）。

みんなは、一斉に鉛筆をおいた。

僕は、立ち上がることができなかった。もちろん、計算はすべて解き終わっていたが。

クラスのみんなは、一斉に筆箱から丸付け用の鉛筆やペンを取り出した。その色を逃さないように、僕は目を凝《こ》らした。

――赤だ！　日本と同じだ。よかったぁ。

丸付け用に赤鉛筆しか持ってきていなかった僕は、中国では青や緑の色鉛筆しか使ってはいけないと決められていたらどうしよう、と身構えていたから、ほっとした。

中国に来てからも、「筆箱には余計なものを入れてはいけない」、「丸付け用の色鉛筆は赤一本だけ」というルールをきっちり守っているが、これでいいのかわからなくなっていた。

実は中国へ来てから、僕の「ものさし」は狂い始めているのだ。このことが、僕にひどく不安をもたらしている。

入学式の日、教科書を配り終わってから、賈先生は2Bの鉛筆を握りしめていた僕に、「Hか2Hのものを持ってきてね」と言った。日本では、一年生はBと2Bしか使っちゃダメだったのに、中国ではそれがダメだなんて！　しかも、世の中で一番認められているHBをスルーして、Hや2Hの鉛筆だなんて、ハチャメチャだ！

それに昨日も、みんなが手を挙げる時、ひじを直角にしていた。ウルトラマンがビームを出す時のように。小林先生が見たら、「しっかりとひじを伸ばしなさい！」って、絶対に怒るだろう。それなのに、中国のみんなは、まじめな顔でビームを出している。しかも、賈先生はそれを見てもぜんぜん怒らない。それどころか、ニコニコしている。あの厳しそうな賈先生が。もう何が何だかわからない。中国の学校はハチャメチャすぎる！

赤鉛筆を取り出し、賈先生が答えを黒板に書くのを待った。ところが、賈先生は黒板には書かず、答えを口頭で言っていくではないか！　僕はまだ、中国語の数の言い方を覚えていなかった。

——やられた。計算なら本来の自分をアピールできると思ったのに……。

一度期待させておいて、裏切られると衝撃《しょうげき》が半端ない。もどかしさのプールに突き落とされ、プクプクと底に沈んでいく僕。

だが、ここで滅入《めい》ってはいけない。日本のみんなに「がんばる！」って、宣言したんだから！

家へ帰ってから、中国語の数の言い方の特訓を母に頼んだ。もどかしさと悔しさと切なさから抜け出すために、がんばった。

僕は、特訓に特訓を重ねた。その甲斐《かい》あって、その日のうちに、二桁までの数をほぼ聞き分けられるようになった。僕は、がんばった。その様子を見て、母は「『クララが立った』ばりに、遼太郎に中国語のスイッチが入った」と驚いていた。

「強制……」、いや、「自主学習の時間」では、朗読と計算ドリルを一日おきにやった。

二回目の計算ドリルの日のことだった。

その日は、隣の人と答えを交換して、相手の答えの丸付けをすることになった。僕は隣の男の子の丸付けをした。

数の言い方を覚えた僕は、耳をダンボにして答えを聞いた。そして、始点と終点が合うように、丁寧に丸付けをしてあげた。隣の男の子はすべて丸だった。

「すごいじゃん！」

と中国語で言えないから、自己ベストといってもいいほどの笑顔を添えて、ドリル帳を返した。

隣の男の子は、僕の記録的な笑顔に圧倒されたのか、すぐにそのドリル帳に目を落とした。僕は、その瞬間のキラキラした目を見逃さなかった。しかし、見る見るうちにその目は曇っていくではないか。それどころか、今にも雨が降りそうな勢いだ。そうかと思ったら、今度は火が着き始めたではないか！

――なに？　どうした？

状況の変化についていけない僕は、落ち着きを取り戻そうと、僕に返されたドリル帳に目を落とした。


⁉


僕の答えをかき消すように、大きな✓（チェック）が付けられていた。しかも全部の答えに！　丸は一つもなかった。

――全部まちがいだと⁉　そんなはずがない！　僕はまだ、計算でしか自分をアピールできないんだぞ！　だから、一問一問、全集中で丁寧に解いたんだぞ‼　全部まちがいだなんて、ありえない‼

僕の目にも勢いよく炎が燃え移った。まったく、何が何だかわからない。何もかもがハチャメチャだ‼　ハチャメチャすぎて、もうどうにでもなれ‼

それから、周りを巻き込んで、ひと悶着《もんちゃく》あったのは言うまでもない。

9 折り紙外交の樹立

丸付け事件で、僕は「無口でおとなしそうだが、すぐにカッとなる変なヤツ」だとクラスのみんなに思われただろう。本当は、そんなヤツじゃないのに……。

それにしても、あんな事件を起こすくらいだったら、数日前の学級の時間にあった自己紹介で、日本から来たことを言っておけばよかった。そうすれば、隣の輩だって、日本では、正解の時、✓（チェック）ではなく○（丸）を付けるんだって、想像できたかもしれない。僕も、中国では正解の時は○（丸）ではなく✓（チェック）を付けるんだと、知らなかったからいけないのだけど。それぞれ違うって知っていれば、少なくとも、互いにカッとならなかったはずだ。

でも、やはり日本から来たことを言わなかった僕が悪いんだ。いや、言わなかったんじゃなくて、言えなかったのだ。さらに言えば、僕の「なまけ癖」が一番いけなかったのだ。

詳しくいうと、こうだ。実は、入学式の一週間前に今典小学校へ行った時、朱先生から、「中国語で自己紹介ぐらいはできるようにね」と言われてからがんばって練習をしていたのだ。「我叫趙一橋《ウォジアオズァオイーチャオ》。我从日本来的《ウォツンリーベンライダ》。請多関照《チンドオグァンズァオ》（僕は趙一橋です。日本から来ました。よろしくお願いします）」。中国語では十五文字で、日本語では二十五文字だ。中国語の方が文字数が少なくていいじゃないか、と思うかもしれないが、この一文字一文字の発音がとにかく難しい。中国語を少しでもかじったことがある方ならわかると思うが、特に「日《リー》本《ベン》」の「日《リー》」という中国語の発音は、舌をブリッジのように反《そ》り返ったままの形で維持しなくてはならない。舌に付ける形状記憶装置があればいいのだが、どんなにがんばっても僕の舌は脳の命令に従ってくれない。そればかりか、僕の舌は痙攣《けいれん》をおこし、拒否反応を示す。そこへ、容赦《ようしゃ》なくくり返される母からのダメ出し。僕は心が折れ、しまいには逆ギレ。「日本」を巡《めぐ》って、くすぶっていた親子間の対立がとうとう表面化し、戦闘態勢に。そればかりかそこへ、今まで必死に抑え込んできた「なまけ癖」までもが勢力を蓄えて参戦し、混戦に発展。こういう時は、それぞれが譲歩《じょうほ》して和解案を出すのがベストなのだが、一向にその気配も無かったのだ。

こうして迎えた自己紹介の当日。予定されていた十五文字の中国語から、「我从日本来的（日本から来ました）」の六文字を除いた九文字に変更するというトラブルに見舞われた。しかし、幸か不幸か、これが予想以上にうまくいってしまったのだ。僕の自己紹介が終わっても、教室の空気はまったく変わらなかったのだ。ということは、この九文字の発音が完璧《かんぺき》だったということだ。自分なりにがんばって練習した甲斐《かい》があった。

でも、あんな「丸付け事件」を起こして、ひんしゅくを買うくらいだったら、「なまけ癖」に対抗して、「『日本』を特訓する会」でも立ち上げて、特訓に特訓を重ね、へたでもなんでも日本から来たことを言えばよかった。でも、事件の元をたどればやはり、混戦に発展させた「なまけ癖」が一番いけなかったのだ。

なによりも、新学期初日に賈先生から僕についての紹介があってもいいのに。それもなかったのが災《わざわ》いした。

新学期が始まってからの数日間、授業中に先生に指名され、発言しなくてはいけない状況になることもなかった。だから、四十分間、頭の中で電車をゆっくり走らせておけばよかった。

休み時間も、僕は黙って一人で電車や路線図を描いて過ごしていればよかった。クラスのみんなも、入学したばかりで、自分のことで精いっぱいだったのか、僕のことをそーっとしておいてくれた。

しかし、あの事件があってから、僕を取り巻く環境は一変した。僕は一躍《いちやく》、目立つ存在になってしまったのだ。そして、どこからともなく、「趙一橋は、日本から来たらしい」ということがクラスの話題の中心となっていった。

――たしかに日本から来たけどさ、怖いものを見るような目で見なくても大丈夫だよ。僕は、ぜんぜん怖くないいんだから。僕は、けっこういいヤツだぜ。自分で言うのもなんだけどさ……。


それからというもの、休み時間になると、遠巻きに僕の周りに人が集まり、おそるおそる「何を描いているの?」とか「それ、日本の電車なの?」らしきことを聞いてくる。

僕だって、いっぱい電車のことを話したいが、中国語でどう言えばいいのかわからない。名誉だって、挽回《ばんかい》できるなら何でもする。

――もどかしい……。

「もどかしいお化け」に、またとりつかれる。

それから、数日後。この「もどかしいお化け」をやっつける出来事が起きた。

休み時間に、黙々と折り紙を折っていた時だった。色とりどりの正方形の紙から、手裏《しゅり》剣《けん》、パクパク（パックンチョ）、カメラ、カエル、魚、キツネ、鶴などが形作られる。それが、周りの目を引いたのか、

「何を作っているの？」

「僕にも作って！」

「私にも！」

と、みんな興味津々《きょうみしんしん》。

中国語が話せなくても、折り紙の折り方を教えることができた。みんなもすぐに折り方を習得していった。折り方を覚えた子は、きまって自分の作った作品を他の子に自慢気に見せびらかしてから、大事そうに教科書の間にしおりのように挟《はさ》んでいく。その様子を、無表情を決め込んで眺めていた僕は、心の中で思いっきりガッツポーズを繰り返した。

それからというもの、休み時間の度に、僕は鼻の穴を膨《ふく》らませて折り紙を折った。これこそまさに、折り紙の威《い》を借《か》るうさぎ（吾輩《わがはい》はうさぎ年である）。

いつしか、僕の周りには朗《ほが》らかな顔が集まるようになった。

――名誉挽回《めいよばんかい》だ！　やったー!!

僕にとりついていた「もどかしいお化け」も、少しずつその姿を見せなくなっていった。折り紙を通して、みんなとの交流を深めることができたのだ。言ってみれば、「ピンポン外交」ならぬ「折り紙外交」だ。

「折り紙外交」を樹立した僕は、「駐中日本大使」をもじって、「中日小使」と自ら名乗り、「にわか外交官」として、家で折り紙の新作を特訓しては、学校で新作発表会を開催し、中日両国の友好のために尽力《じんりょく》したのであった。

10 「だるまさんが転んだ」の神髄《しんずい》

「折り紙外交」を樹立した僕は、クラスのみんなとの距離を一気に縮めていった。

「日本の学校の方が楽しかったな」とか「日本のみんなは何をしているんだろう」とか、ふとした瞬間に日本にワープしてしまっていた僕の脳内プログラムは、ようやく現在進行形の中国を認識しようとするようになった。

「折り紙外交」を樹立してまもなく、天気の良い日は校庭で「だるまさんが転んだ」で遊ぶことがはやりだした。「折り紙外交」の成果があって、僕もすんなりと「休み時間同盟」への加盟を許された。

中国語がまだ上手に話せない僕は、「だるまさんが転んだ」で鬼になっても、他の人が代わってくれた。とてもありがたかった。でも、

『それじゃあ、がんばっているとは言えないね』

と、もう一人の僕が言っているような気がした。だから、僕は考えに考え抜いた結果、鬼に捕まらないとっておきの秘策を思いついたのである。それは、がんばってじっとがまんすることである。

だいたい鬼に捕まるのは、動きたい衝動《しょうどう》に駆《か》られてがまんしきれない輩か、目立ちたいヤツだ。

日本にいたころ、僕はよく鬼に捕まっていた。要するに、がまんが足りなかったのだ。がんばっていなかったのだ。

「だるまさんが転んだ」は、がまん比べなんだ！

きっと中国に来ていなければ、この遊びの神髄《しんずい》を一生知ることはなかっただろう。それだけでも、中国に来てよかったと思う。

僕は、鬼に捕まらないように、がんばってじっとがまんした。

僕を知る人は、僕の性格を「石橋を叩《たた》いて渡る」どころか、「石橋を叩いても渡らない」と言う。誉めているのか貶《けな》しているのかわからないが、僕自身も認めざるを得ないこの性格は、もしかしたら、この「だるまさんが転んだ」で養われたのかもしれない。

11 笑顔と変顔と世界共通語

「折り紙外交」を樹立し、自称「中日小使」または「にわか外交官」として中日外交に精を出し、「休み時間同盟」に加盟を許された僕は、それまで怖いと思っていた休み時間が、楽しいものに変わっていくのを感じた。

「休み時間同盟」で、「だるまさんが転んだ」の活動がピークを過ぎたころ、次の活動として提案されたのが「鬼ごっこ」だった。

僕は、「鬼ごっこ」は好きではなかった。理由はずばり、走るのが遅いからだ。だから、毎回「だるまさんが転んだ」の方に清き一票を投じているが、最近は「鬼ごっこ」の方が多数票を得て採用されている。個人の意見は違っても、決定事項に従うのが民主主義のルールだ。

しかたなく参加した「鬼ごっこ」だったが、なんと、僕はここでは、走るのが速いことが判明。いや、「休み時間同盟」に加盟している一年一組のメンバーが遅いだけなのかもしれないが。新しい「ものさし」が「趙一橋は走るのが速い」と言うのならば、それを素直に受託《じゅたく》しようではないか。

とにかく、僕はいつも鬼に捕まることなく、あまりがんばらなくても逃げ切ることができた。あの子が鬼の時以外は。

あの子は、いつもポニーテールをしていて、クルクルっとカールした話し方をする。名前は馬《マー》ちゃんという。僕が初めて覚えたクラスメイトの名前でもある。

馬ちゃんには不思議な力がある。馬ちゃんが追いかけてくると、僕はきまって魔法をかけられたように胸がドキドキして、走るのが苦しくなってしまうのだ。

馬ちゃんは「笑顔」という武器も持っている。コロコロした笑い声とのダブル攻撃を受けると、誰もがイチコロ。もう、敵《かな》う者なし。

「笑顔は世界共通語」なんて、誰が言ったか。まさにその通りだ。

そんな馬ちゃんに、僕はとんでもない失態をおかしてしまった。

めずらしく小雨が降る日のことだった。その日は、「休み時間同盟」は招集されず、教室で本を読んだり、おしゃべりをしたり、絵を描いたりして、みんな思い思いに過ごしていた。

　僕は鼻の穴を膨らませて折り紙を折っていた。そこへ、右斜め前の席の馬ちゃんが、カールした声で話しかけてきた。

「ねぇ、私にも何か作ってくれない？」

──えっ？　馬ちゃんが話しかけてくれている？　初めてだ！　やったー！

スーパーボールのように弾みそうになる自分をぐっと堪《こら》えて、僕はクールに答えた。

「うん。いいよ」

そして、数あるレパートリーから、馬ちゃんに合いそうな作品を頭の中で検索にかけた。

「クルクル　コロコロ　カール」

──う～ん、なかなか検索結果が出てこないなぁ。あまり待たせてもいけないから、得意なチューリップにしようかな。

　僕は、残り少なくなった貴重な赤の折り紙を取り出し、折り目がきちんと重なるように、いつもより丁寧に折った。

　馬ちゃんは、僕の手元をじっと見ている。顔でなくてよかった。きっと僕の顔は、おかめもびっくりするほどにやけているだろう。

チューリップを作り終えて、馬ちゃんに渡すと、馬ちゃんは何も言わず、そっと教科書にそれを挟《はさ》んだ。そして、今までよりもひと周り大きな笑顔を僕になげかけた。それはまるで、夜空を一瞬にして明るくする花火のようだった。その花火の熱が伝わって、僕の顔は沸騰《ふっとう》しそうなくらい熱くなった。心臓もドックンドックン暴れて、今にも口から飛び出しそうだ。僕は、じっとしていられなくなった。

——どうすればいいんだ⁉

焦《あせ》った。焦った。焦ってはいけない、と焦った。

——そうだ！　あの手があった！

もしアニメだったら、この時の僕の頭の上にはピカーンとランプが灯っていただろう。

僕はとっさに「変顔」を思いついたのだ。

「変顔」を知らない方のために少し説明しよう。

「変顔」とは、文字通り「変な顔」のことだ。中国に来る前、クラスの男子の間ではやっていて、鼻先を思いっきり手で突き上げたり、舌を出したり引っ込めたり、白目を向いたりと、誰もが得意な「変顔」をもっていた。いくつものパターンを使いこなせるすごい輩もいた。

僕の得意な「変顔」は、両手で両目じりと口の端を思いっきり縮め、目玉を目頭に寄せ、下唇を思いっきり前に突き出すものだ。かなりおどけた顔になる。僕の「変顔」攻撃を受けた者は、顔面筋と腹筋が麻痺《まひ》し、大笑いせずにはいられなかった。それほど、僕の「変顔」には破壊力があったのだ。

僕はこの「変顔」がお気に入りで、一年生の頃のアルバムに証拠として数多く残っている。遠足でお弁当を食べている写真、音楽会でのクラス集合写真、運動会で赤チームが勝った時の写真など、挙《あ》げればきりがない。

初めて「天安門広場」に行った時も、広場の中央で最高の「変顔」を披露《ひろう》している。天安門の中央の壁に、中国の偉大な指導者「毛沢東」の大きな肖像画があるが、その肖像画と遠近法を駆使《くし》して、ちょうど顔が横に並ぶように撮ったツーショットも、この「変顔」で決めている。それほど自慢の「変顔」だ。

馬ちゃんの花火のような「笑顔」に、僕は自慢の「変顔」で応えた。どうだ‼

？　？

「…………」

「…………」

長い沈黙が流れた。

馬ちゃんは笑うどころか、冷めたような目で僕を見ている。……だんだん空気が冷たくなっていく。

――スベったかも⁉

でも、引っ込むわけにはいかない。やってしまったからには、一発笑いを取らないと、格好《かっこう》がつかない。

しかたなく、近くにいる人にも試してみた。

――だめだったか。

ならば、他の人にも。

――また、だめか。

数人に試してみたが、空気はますます冷えていくばかり。

――寒い。さっきまでの熱さはなんだったんだ。

気が付けば、僕の周りには誰もいなくなっていた。

これほどどみじめなことはなかった。穴があったら入りたかった。どこでもドアで、どこでもいいから行きたかった。

この時、初めて知った。「変顔は世界共通語ではない」ことを。

それ以来、僕の自慢の「変顔」はこの世から姿を消した。

それにしても、悲しい終わり方だった。せめて周りを爆笑の渦《うず》に巻き込んで、華《はな》やかに引退して欲しかった。

変顔よ、さようなら。悲しみよ、君ともさよならしたい。

12 ブレーキが狂う

入学してから約二カ月が過ぎたころ、国語と算数の中間テストに向けて、先生たちは僕たちにプレッシャーをかけ始めた。

毎日、国語の教科書の音読と漢字練習、算数の計算問題の宿題が出されているが、さらにテスト対策のプリントも追加された。担任の賈先生からも、毎日「しっかりと勉強するように」と、喝《かつ》を入れられた。

クラスのみんなもテストに向けて張り切っている。いつも僕と遊んでばかりいる李《リー》くんでさえ、「絶対に百点を取ってやる！」と、鼻息を荒《あら》くしている。僕も、百点は無理でも、そこそこの点数が取れるように、増えていく宿題に文句は言わなかった。

中間テストは、全校一斉に行われた。知らない先生が試験監督《かんとく》に来て、じーっと睨《にら》みつけるように教室を見渡していた。たかが中間テストなのに、監視《かんし》体制が厳《きび》しい。

中間テストの問題は思ったよりも簡単だった。国語は、漢字の読み書きだけで、文章の読み取り問題はなかった。だから、とりあえず解答欄《らん》を全部埋めることができた。算数は、計算ばかりだったから、僕なりにできた気がする。そもそも、入学してから間もないテストだから、難しいはずがないのはなんとなくわかっていた。

テストの次の日、まず国語のテストが返された。名簿順に名前を呼ばれたら黒板の前に行って、先生から解答用紙を受け取るのは日本と同じスタイルだ。

「では、テストを返します。名前を呼ばれた人は、取りに来てください」

賈先生はクラスを静かにさせてから言った。

みんな固唾《かたず》を飲んで、自分の名前を呼ばれるのを待っている。

「李くん、九十八点」

李くんは、少し悔しそうに顔をしかめて、テストを受け取りに行く。

「馬さん、百点」

やったー!と、馬ちゃんは勢いよく椅子から飛び上がった。

――すごい! 馬ちゃんは百点満点か。

得点を聞いて感心していた僕だが、ハッとあることに気づく。

——うん？　待てよ。得点も読み上げてないか？

「王《ワン》さん、九十五点」

——やっぱり得点も言っている！　これじゃ、公開処刑じゃん！　そんな、ハチャメチャな!!

賈先生は間髪《かんぱつ》入れずに、次から次へと名前と点数を読み上げていく。

次は、いよいよ僕の番だ。

「どうか悪い審判が下されませんように……」と僕は祈った。今さら祈ってもしかたがないのはわかっているが、祈らずにはいられなかった。

「趙くん、八十五点」

——八十五点？　まずまずの点数だ。命拾いした……。

テストの得点の読み上げに驚《おどろ》いていた僕に、さらなる衝撃《しょうげき》が待ち構《かま》えていた。答え合わせが始まると、

「ここの問題を間違えた人は立ちなさい」

と、賈先生は言う。

――えっ？　立たなくちゃいけないの？

僕は、国語で七問間違えた。だから七回立たなくてはならなかった。恥《は》ずかしかった。特に、立っているのが僕一人だけの時は、屈辱的《くつじょくてき》にも似た気持ちがわいてきた。

次回は間違わないように、と注意して賈先生の説明を聞こうとしたが、ぜんぜん集中できない。答えを間違えただけでも屈辱的なのに、さらに立たなくてはいけない屈辱に堪《た》えなくてはいけないのか。そのダブル攻撃《こうげき》を平気な顔をして乗り越えなくてはいけないなんて、ハチャメチャすぎる!!

『まあまあ、落ち着いて。冷静にいこう』

もう一人の僕が僕をたしなめる。

失礼しました。ここで冷静に、立ったまま一生懸命解説を聞こうとしていた当事者から、「立ったまま解説を聞く実証実験」の結果を勝手に発表させていただきたいと思います。

「立ったまま解説を聞いても、内容がぜんぜん頭に入って来ません。よって、立ったまま解説を聞くのは、まったく効果がありません」

と、心の中で文句やら屁理屈《へりくつ》を並べて、自分を落ち着かせた。

頭の上を通過する解説から解答用紙に注意を向けると、採点ミスがあることに気づいた。テストの得点が悪いからと言って、採点ミスを探すことにテスト勉強よりも命を懸ける輩《やから》がいるが、僕は違う。いや、今回は違う。一問二点の問題で、七問しか間違えていないから、百点から十四点を引いたら八十六点だ。こんなのつるかめ算より簡単だ。これを採点ミスと言わずして、何と言う！

でも、賈先生に訴えに行く勇気がない。

どうしようか、と迷っているうちに、賈先生がクラス全員に向かって言った。

「字の汚い人は、一点減点ですからね！」

ガーン!!

——字が汚いから減点なんてルール、聞いていないぞ！　こんなハチャメチャ、がまんならん。それに、僕の字はきれいな方ではないかもしれないけど、減点するほど汚くはない！

休み時間になって李くんに、「字が汚くて一点減点されちゃったよ」と愚痴《ぐち》を言ったら、

「当たり前だよ。字が汚いといい仕事に就《つ》けないんだよ」と、いつになく、そっけない返事。そうか。信頼する李くんがそう言うのならきっとそうなのだろう。僕の未来のために、あえて厳しい現実を突きつけてきたのかもしれない。

その後の定期テストや単元テストでも、僕は字の汚さによる減点が続いた。

僕は頭では理解しているが、減点されることにどうしても納得《なっとく》がいかない。そして、声を大にして僕の持論《じろん》を言いたい！

「テストは、勉強した内容がわかったかどうかを測るためのものだ。字のきれいさとは関係ない!!」

『まあまあ、冷静に冷静に』

しかたがない。ここで、また気を取り直して……。と思ったら、まだまだ、ハチャメチャは終わらなかった。

一週間後、保護者参観日があった。朝、教室に入った瞬間、僕は目を疑った。なんと、中間テストの得点が、教室の壁に大きく張り出されていたのだ！　しかも、得点順に！まずまずだと思っていた僕の成績は、なんとワースト二位！　こんな順位を知らなければ、僕の未来は穏《おだ》やかだったのに！　しかもクラスのみんなにも朝から参観に来ていた親たちにもバレバレ!!　もはや、ハチャメチャの極《きわ》み!!!

これまで、がんばって心にかけてきたブレーキがついに、ぶっ壊れた。

「プライバシーが守られていないじゃないか!!!」

僕は心の中で大きな雄叫《おたけ》びをあげた。

『お前はもう狂っている』

と、もう一人の僕が、あきれながら、「お前はもう死んでいる」ばりの宣告をしそうだ。

それならば、

「ハチャメチャすぎて、冷静でいられるか！」

と、断末魔《だんまつま》のように叫びたい。

13

昼ご飯の時間

日本にいた時も、今も、僕の一番好きな時間は、昼ご飯の時間だ。もどかしさのプールに沈んでいても、ハチャメチャすぎて何が何だかわからなくなっても、昼ご飯の時間は毎日必ずやってきた。当たり前に思うかもしれないが、僕にとってはとてもありがたいことだった。何があろうと、とりあえずお腹がいっぱいになれば、体にも心にもエネルギーがチャージされ、予測不可能なハチャメチャを迎え撃つ準備ができるような気がした。

今典小学校も、四時間目が終わると昼ご飯の時間になる。でも、日本と違うのは、その時間が長いことだ。一時間半もある。しかも、家へ帰ったり、レストランや食堂などで食べたりしてもいい。

一年一組では、家へ帰って食べる人が三人、残りの四十二人は学校で配達弁当を食べた。

北京では、親が共働きの家庭が多いから、昼は学校で配達弁当を食べる人が多い。僕の場合は、母が大学に行っているため、配達弁当の世話になった。

配達弁当は、毎日大きな保温コンテナに入れられて、スープ缶と共に各教室の廊下に置かれる。各自そこから弁当を取っていき、スープは、自宅から持ってきた容器に、配達業者の方が盛り付けてくれる。

弁当の中身は、ご飯が半分、残りの半分におかずが三種類。おかずとスープは日替わり。弁当は、冬でもホカホカ。

配達弁当はいつもおいしかった。ただ、一つ注文を付けるとするなら、唐辛子《とうがらし》を入れないでほしい。ほぼ、どのおかずにも唐辛子が入っていて、辛くて舌がヒリヒリする。

数多くある配達弁当のおかずの中で、僕が大好きなのは「水餃子」。二カ月に一度くらいの頻度《ひんど》で出る。しかも、その日は餃子のみで、主食のご飯や他のおかずはない。中国では、「餃子」は主食とおかずの両方を兼《か》ねているようだ。

この水餃子がまた、ほっぺたが落ちるほどおいしい。皮がモチモチしているし、具もいっぱい。しかも、おかわりが自由だ。毎日水餃子でもいいくらいだ。

ある日のこと。いつものように配達弁当を食べていると、前の席の男子数人が身を乗り出して互いの弁当をのぞき込んで、何か言い合っていた。ご飯中は席を立ってはいけないことになっているので、みんな遠くで見守るしかなかったが、どうも弁当のおかずの中身が違っていて、「そっちの方がいい」、「いや、そっちの方がいい」と言い合っているようだった。

後で分かったことだが、馮《フォン》くんだけが、豚肉を使わないハラールフード（イスラム料理）を食べているのだという。

水色の配達弁当の容器に交じって、一つだけオレンジ色のものがあるのがずっと気になっていたが、その理由がついにわかった。

一人だけ違うものを食べていることが、クラス中に知れ渡ってからというもの、馮くんは食べる前に必ずみんなに弁当の中身を披露《ひろう》しなくてはいけなくなってしまった。でも、いやがる素振りはない。それどころか、自慢げに見せびらかしている。

何度目かの席替えで馮くんと席が近くになった時、馮くんはマトン串を僕に分けてくれた。ハラールフード弁当の方があきらかにおいしく見えたから、「ちょうだい」とお願いしたのだ。それから、マトン串が出る度に、僕に分けてくれるようになった。今思えば、馮くんだってマトン串を食べたかっただろう。ごめんね、馮くん。

昼ご飯を食べた後は、二十分ほどの自由時間がある。その後、四十分間の「ドリルの時間」があり、算数や漢字のドリルに加え、テスト前はテスト対策の問題を解いた。早く終わった人は宿題をしてもいいことになっていたから、みんな一生懸命にやった。いつも家へ帰って昼ご飯を食べる三人は、「ドリルの時間」に間に合うように戻ってくるか、家で問題を解いて、次の日に提出しなくてはならなかった。

この「ドリルの時間」は、北京のような都市部の学校で多く設けられているが、地方の学校では、お昼寝の時間にしているところが多いそうだ。

「ドリルの時間」の後に、「フルーツタイム」が加わったのは、一年生の後期からだった。どうしてそうなったのかは、説明がなかった。が、お陰で僕は、友達が持ってくるめずらしいフルーツを試食することができた。ドラゴンフルーツ、ドラゴンアイ、ドリアン、パパイア、スターフルーツ、ハミウリ、ナツメ、蓮《はす》の実、シログワイなど。どれも、見たことも聞いたこともないフルーツばかりだった。

どのフルーツもおいしかった。張《ジャン》くんがいつも持ってくるドリアン以外は。ドリアンは僕だけでなく、クラスのみんなにも不評だった。

僕は、最初のうちはリンゴや梨を食べていたが、後にシログワイをよく食べるようになった。というのも、近くの席の于《ユー》くんがよく分けてくれているうちに、その虜《とりこ》になってしまったのだ。このシログワイは、レンコンのようなシャキシャキした歯ごたえで、梨のような甘味がある。シログワイのお陰で、お腹が張ることがなくなり、調子が良くなった。

学期に一度の身体測定がある日だけ、昼ご飯の時間に保健の徐《シュー》先生が教室にやってくる。「残さず食べるように」と、各クラスに言って回るのだ。そう、今典小学校では、昼ご飯の直後に身体測定をしている。

僕は、毎回ぺろりと弁当を平らげてしまうが、ご飯の量が多いため、食べきれずに残してしまう人もいる。だが、身体測定がある日だけは、みんな残さずにがんばって食べる。食べきらないと、担任の賈先生に怒られるからだ。

現在、中国の子どもの肥満が問題になっているが、昼ご飯を食べた直後の身体測定も関係しているのではないか、と僕は勝手に分析している。

14 李《リー》くんとの契《ちぎ》り

同じクラスの李くんは、クリクリ坊主頭のおとなしい子で、なぜだか僕と気が合った。その李くんとは「延時班《イェンシーバァン》」でも一緒だった。「延時班」とは、放課後の四時半くらいから七時までの間、学校の一室で居残りができるクラスのことで、日本の学童保育のようなものだ。

今典小学校の分校に通う一・二年生のための「延時班」には、いつも二十人ほどがいた。「延時班」では、宿題をやり終えた人から教室や校庭で遊んでもいいことになっていた。

ある日、「延時班」で宿題をやり終え、校庭で「鬼ごっこ」をすることになり、いつものようにチーム分けをした。

「グーとパーで別れましょ！」に似たチーム分けのやり方に、中国語で「手心《ショウシン》、手背《ベイ》。狼心《ランシン》、狗肺《ゴウフェイ》！　日本投降《リーベントウシァン》、中国万歳《ジョンゴァワンスイ》！」というかけ声がある。日本語にすると、「手の平、手の甲。狼の心、犬の肺！　日本投降、中国万歳！」と、意味がわからなくなるが、「背」「肺」「歳」の中国語発音が「ベイ」「フェイ」「スイ」と、「イ」が同じ音で、語呂《ごろ》がいいのだ。

　中国語がまだわからなかったころの僕は、このかけ声にはなんの抵抗もなかった。でもどっぷり中国語に浸《つ》かっていると、そうはいかなくなる。「日本投降」というフレーズを聞くと胸にトゲが刺さったようにチクッと痛む。実は、僕は入学してしばらく経ったころからずっとこの痛みを抱えている。だけど、この痛みをまだ誰にも言えずにいる。

　この日も、いつものようにチーム分けのかけ声が始まった。

「手心、手背。狼心、狗肺！　日本投降、中国万歳！」

やはり、チクッとする。

いつもなら痛みを我慢して、平気な顔してやり過ごすところだが、この日の僕は違った。

「じゃあ、僕はもう投降する」

と、両手を挙げ、ふてくされて投降する素振りをしてみた。この胸の痛みをみんなに分かってもらうための僕なりの挑戦だった。

　みんなの楽しい雰囲気に冷や水をかけたくない。でも、やはり胸がチクッとする……。

でも、挑戦してみたところで、何も変わらなかったらどうしよう……。ますますトゲが深く刺さるだけだ。それどころか、みんなとの間に距離ができて、治らない大きな傷になってしまうかもしれない……。


沈黙が流れた。時間が止まったかのように、長く感じた。

しばらくして、李くんが、

「じゃあ、日本じゃなくて、他の国に変えようか……」

と、考えながら小さな声で言った。

「そうしよう！」

すぐに誰かが賛同した。

「そうだね。日本を他の国に変えよう。なんでもっと早く気づけなかったんだろう」

また誰かが続いた。

それから、僕の仲間内では、チーム分けのかけ声は、「日本」から「美国《メイグォ》（アメリカ）」に変わった。アメリカでいいのかどうかはわからないが、もしこの輪にアメリカの友達が加わったら、また語呂のいい違う国名が当てがわれるだろう。

今でも、なんであの時、あんな挑戦ができたのだろう、と思うことがある。でも、李くんがその場にいなかったら、きっとあんな挑戦なんて絶対できなかっただろう。

この出来事がきっかけとなって、僕と李くんは「契《ちぎ》り」を結んだ。劉備《りゅうび》・関羽《かんう》・張飛《ちょうひ》の三人が盃《さかずき》を交わして義兄弟の契りを結んだ「桃源郷《タオユェンシァン》の誓《ちか》い」に倣《なら》って、僕たちは肩を固く組んで義兄弟の契りを結んだ。言うなれば「延時班《イェンシーバァン》の誓い」だ。「郷《シァン》」と「班《バァン》」の語呂もいい。

それからというもの、李くんと僕はいつも一緒にいた。学校のある日も、土日の休みも、長期休みも。一緒に宿題をして、遊んで、どちらかの家でご飯を食べた。何回か互いの家でお泊り会もした。そして、僕たちと同じように母親同士も親友と言えるほどの仲になり、「一人で家にいられるより、お友達と一緒に勉強したり、遊んだりしてくれた方が楽だわ」と、本音トークを炸裂《さくれつ》していた。

母が大学の課題や発表会で忙しい時には、平日でも李くんの家に寝泊まりし、李くんと一緒に登校した。それが、三日間続いたこともあった。

僕たちは、夕飯を一緒に食べた後、寝る時間のギリギリまでよく外で遊んだ。北京の夜空に浮かぶ数少ない小さな星を見ながら、李くんが本当の兄弟だったらいいのになぁ、と思った。

第3章

少年、中国で暴走する

15 再び秋が来て

季節が一回りして九月になり、僕は二年生になった。

ふり返れば、昨年はまったく課外活動がなかった。家庭訪問も、運動会も、音楽会も、マラソン大会も、校外学習もなかった。でも、特別な行事がなくても、驚きと興奮の連続で、毎日がイベントのようだった。ジェットコースターに乗っている時よりも大きな雄叫《おたけ》びをあげたくなる時もあったけど、不思議なことに僕は一日も学校を休まなかった。きっと、学校のルールやシステムが日本と違っていても、中国のみんなは日本のみんなと同じくらい温かかったからだと思う。

入学したばかりのころ、暗いトンネルに置き去りにされ、「もどかしいお化け」にとりつかれていた独りぼっちの僕に、みんなはさり気なく話しかけてくれた。「丸付け事件」や「変顔」攻撃で変なヤツだと思われてしまったけど、みんなは広い心で「休み時間同盟」に誘ってくれた。そして、李くんは僕の心に刺さったトゲをやさしく取り除いてくれた。その李くんとは、いつしか「老李《ラオリー》」・「老趙《ラオズァオ》」と呼び合うほどの親しい仲になっていた。

あれだけ日本に帰りたいと思っていたのに、いつの間にか「中国の学校も楽しいじゃん」と思うようになった。カレンダーに×を書いては「ようやく一日が終わった」とため息をついていたのに、徐々に×を書くのを忘れていった。

もしタイムマシーンがあるのなら、一年前の入学式の日にタイムスリップして、未来を怖がっていた僕に言ってあげたい。「心を開いてがんばって進めば、手を差し伸べてくれる人が必ず現れる。みんな同じ人間だから。笑顔が大事。でも、変顔はやめておけ」と。

二年生になり、僕たちの教室は一階から二階に移った。

新年度の初日、二年一組の教室から窓の外に目をやると、今まで見えなかった建物が遠くに見えた。昨日までの自分と違って、急に大きくなった気がした。

担任は賈先生のままだった。クラスの中には、「賈先生は宿題を提出しないと怒るから嫌だ」とか、「授業中、少しでもおしゃべりをすると怒るから怖い」とか言う人がいるが、僕は賈先生でよかったと思っている。たしかに厳しいけど、時々僕たちと一緒に「だるまさんが転んだ」を遊んでくれる先生は他にいない。それに、僕のことをよく理解してくれている。日本から来た、けっこういいヤツだということを――。

二年生の最初の朝の会で、賈先生から重大な発表が二つあった。

一つ目は、于くんが北京市内の全寮制の学校に転校したことだった。

于くんは、僕と同じアパートに住んでいて、休みの日もよく一緒に遊んでいる。だから、夏休み明けから転校してしまうことを、僕はあらかじめ于くんから知らされていた。だけど、クラスのみんなは、今の今まで于くんが転校してしまったことを知らない。みんなでお別れ会もしてやれなかった。お別れ会をせずに転校していってしまうなんて、寂しすぎる。いや、お別れ会をしても寂しいのは変わらないかもしれないが……。でも、お別れ会をすることで、転校してしまう于くんも、送りだす僕たちも、踏ん切りというか、区切りがつくんじゃないのかな……。

中国に来る前、日本のみんなは、僕のためにお別れ会をしてくれた。その時にもらった手紙をお菓子の空き箱に入れて、中国まで持って来た。今まで何度も読み返しては、その度にパワーをもらっている。みんなからもらった手紙は僕の「お守り」になっている。

于くんは何を「お守り」にして、新しい学校でがんばっていくのかな？　それとも、中国の子はみんなしっかりしているから、「お守り」なんかに頼らなくてもいいのかなぁ……。

賈先生から重大発表がもう一つあった。

今年度から、朝の自主学習がなくなるということだった。

これには、みんな、

「やったー！」

と、一斉に歓声を上げ、拍手をしたり、万歳をしたりして喜んだ。僕も思いっきりガッツポーズをした。

明日からは、八時ちょうどの一時間目の授業開始に間に合うように学校に来ればいいことになる。でも、なんとなくものたりない気もする。

朝の自主学習の朗読がなかったら、僕の中国語の力がメキメキと付いたかわからない。ただの記号が、音と結びついて意味のある漢字になって頭の中に吸収されていく感覚を、僕は中国に来て初めて味わった。

知らない記号が、海の向こうの日本へと僕を連れていっていた一年前と比べると、今の僕はまるっきり違う。意味が分かる漢字が一つ二つと増えていくのは、ご褒美《ほうび》にもらったビー玉を透明のガラス瓶に一つ二つと入れていくのと同じように嬉しかった。

中国に来て、一年間のウォーミングアップの期間を経て、僕は今、思いっきり走りだしたくて、うずうずしている。

教室の窓越しに爽やかな秋の空を眺めながら、これから始まる中国での二年目の生活に心が躍《おど》った。

16 リーダーの条件

「早速、リズム体操のリーダーを男女一人ずつ決めます」

二年生になって最初の体育の授業。教科担任の流《リュウ》先生（声がコントラバスのように低くて大きいことから、通称ガマガエル先生と呼ばれている）は、僕たちを校庭に背の順に整列させてから言った。

今典小学校では、二時間目終了後にリズム体操の時間があり、一・二年生だけが通う分校では、二年生がこの体操のリーダーを務めている。体操リーダーは、校庭の前方に設置されたステージの上で、動きの手本を示し、リズミカルなかけ声をかける役目を担《にな》う。今年は、二年生になった僕たちの中から、体操リーダーが選ばれることになっている。

――どうやってリーダーを決めるんだろう。立候補かな？　運動が得意な人かな？　それとも、かけ声をかけなくちゃいけないから、声が大きい人かな？

僕は、自分には関係ないや、とぼんやり成り行きを見守っていた。

「男子と女子の背の高い方から三人、前に出てきなさい」

と、ガマガエル先生は続けて言った。

クラスのみんなの視線が、列の後ろに集まる。

男子の中で、背が一番高いのは僕だ。続いて孫《ソン》くんと付《フー》くん。女子は、背の高い順から馬ちゃん、王ちゃん、林《リン》ちゃんだ。それぞれ顔を見合わせて、おそるおそる列の前に歩み出た。

——リズム体操のリーダーは、背の高い人がなるのかな?

ガマガエル先生は、さらに続けて言った。

「では、孫くんと付くん、成績が良いのはどっちですか?」


？


「付く〜ん」

と、みんなは口をそろえて答えた。

――えっ？　まさか、成績で決めるの？

「では、付くんと趙くん、成績が良いのはどっちですか？」

「趙く～ん」

「じゃあ、男子のリーダーは、趙くんでいいですね？」

「い～いで～す」

あっという間の出来事だった。

――えっ？　ちょっ、ちょっ、ちょっと待って。みんなの前で体操をやるんだったら、運動が得意な人とか、大きい声が出せる人とかがいいんじゃないの？

だが、そんなことを声に出して言えるはずがない。

次の日のリズム体操の時間は、僕が早速ステージに立つことになっていた。僕は、動きはどうにかなりそうだが、問題はかけ声だ。リズム体操の時のかけ声は、独特なリズムで、僕にはまだ難しい。女子のリーダーは、馬ちゃんに決まったから、いいところを見せたいのだが……。

とうとう二時間目が終わり、リズム体操の時間になってしまった。僕はまだ、リズミカルなかけ声ができる自信がわいてこなかった。しかたなく、のどが痛い、と嘘《うそ》をついて、かけ声だけは免除してもらうことにした。代わりにガマガエル先生が、かけ声をかけてくれた。

ガマガエル先生の声は、校庭を囲んでいる壁に当たって跳ね返ってくるほどの勢いだ。

――どうしたら、あんなに大きな声が出せるようになるんだろう?

それから、僕は何度も何度も心の中でかけ声の練習をした。大きな声で、リズミカルにテンポをとる自分をがんばってイメージした。そうして、ようやくかけ声ができるようになったのは、三回目に順番が回ってきた時だった。馬ちゃんと動きも声もがんばって合わせることができた。が、声はやはり小さくなってしまった。

僕をカエルに例えるなら、きっと今は、小さなアマガエルだろう。小さなアマガエルが成長して、いつかガマガエルをびっくりさせるほどの、力強くて、大きな声が出せたらいいなと心から願った。「アマガエル　負けるな一橋《イーチャオ》　これにあり」と、自分で自分を鼓舞《こぶ》したくなる。

17 ニックネーム大作戦

今典小学校では、一年生の時から英語の授業が一週間に二時間あった。僕は、英語はあまり好きではなかった。そんな僕が、二年生から英語の教科担任になった伍《ウー》先生の「ニックネーム大作戦」で生まれ変わった。

伍先生は、大学を卒業したばかりで、アニメに出てくる女の子のようなかわいい声をしている。しかも、歌を歌うようになめらかな英語を話す。

二年生になって最初の授業で、伍先生はニコニコしながら僕たちに言った。

「テストで良い点を取った人には、英語のニックネームで呼んであげます。自分のニックネームを考えておいてください。付け方がわからない人は、先生が一緒に考えてあげます」

これを聞いた僕たちは、

「Oh my god!《オーマイゴッド》」

と、一斉に両手を天井に伸ばして喜んだ。

「中国名に加えて英語のニックネームもてるなんて。なんてラッキー！　よし、がんばるぞ！」と、僕は鼻息を荒《あら》くした。

気の早い僕は、すぐに頭の中の検索エンジンを立ち上げ、キーワードを入力した。

「英語　ニックネーム　かっこいい」

！

「Ambitious《アンビシャス》 Japan《ジャパン》!」

――おおー。これこれ。これがあったじゃん！

小さいころ、家の壁に新幹線のポスターがいっぱい貼ってあった。その中に、雪の帽子をかぶった富士山を背景にして走っている７００系新幹線のポスターがあった。青色を基調としたその流線形のボディーの側面に、白いリボンが風に舞っているようなロゴやら模様のようなものがあった。父に聞くと、「それはアルファベットという英語の文字で、『アンビシャス・ジャパン』って読むんだよ」と教えてくれた。そして、日めくりカレンダーの切れ端の裏面に英語で「Ambitious Japan」と書いてくれた。リボンが長ければ長いほどきれいに見えるように、「Ambitious Japan」という長い英語は、僕には芸術的に見えた。

「Japan」は「日本」のことだとすぐに理解できたが、「ambitious」は「大志的」とか「野心的」とかという意味だよ、と教えてくれても、なんのことやらよくわからなかった。だが、意味がわからない未知の言葉のもつ大人っぽさとミステリアスな雰囲気が、むしろかっこよかった。「アンビシャス」という英語の響きも、車輪がレールと擦《す》れる時に奏《かな》でるシャープな音に似ていて、僕を魅了《みりょう》して止まなかった。

僕は、「Ambitious Japan」と書かれたカレンダーの切れ端を700系新幹線のポスターにクリップで止め、その両方を交互に睨《にら》めっこしては、「かっこいいな〜」と見惚《みほ》れていた。

アパートに帰ってから、英語のニックネームのことを母に話した。

「アンビシャス・ジャパンか。なんか日本代表みたいだね」

と、母はニコニコして言った。

——日本代表か……。「Ambitious」よりも「Japan」の方にインパクトがあるってこと？　う〜ん。日本代表か……。

中国に来てからというもの、たしかに僕は「日本」の代表のように見られていたことがあった。

折り紙をクラスのみんなに折ってあげていた時、「日本の子はみんな、折り紙が折れるの？」とか、電車の絵を描いていた時、「日本の子はみんな、電車が好きなの？」とか、僕がすることは、日本の子は全員そうであるかのように受け止められた。日本には、もちろん折り紙を折れない子もいるし、電車が好きじゃない子もたくさんいる。僕は、日本の一部だけど、日本の全てではない。

でも、みんなが僕のことを日本代表のように見ていたのも最初のころだけで、今では僕の電車好きは異常《いじょう》だということに気づき始めている。なんせ、近ごろのみんなは、僕に鉄道や電車のことしか話をふってこない。僕に鉄分さえ与えておけば、元気に過ごせると思い始めている節《ふし》がある。やばいやばい。

――日本代表じゃないけど、日本の一部である僕にはやはり「Ambitious Japan」しかない。時速三百キロで颯爽《さっそう》と走る７００系新幹線のように、僕も中国でかっこよく突っ走っていくぞ！


伍先生が言っている「良い点」とは、具体的に何点かはわからなかったが、一カ月後の単元テストの後から、僕はこのニックネームで呼ばれるようになった。

「Ambitious Japan」と、呼ばれる度に嬉しいやら恥《は》ずかしいやらで、体中がくすぐったくなったけど、僕は何度も呼んでもらえるようにますます鼻息を荒くしていた。

単元テストの度に、ニックネームで呼ばれる人が増えていった。

成績がクラストップの載《ダイ》くんは「David《ディビット》」、英語が一番好きだという宜陽《イーヤン》ちゃんは「Sunny《サニー》」、花火のような笑顔の馬《マー》ちゃんは「Marcy《マーシー》」、日本ではあまり見かけない「雨」が付く名前の笑雨《シァオユー》ちゃんは「Rain《レイン》」。伍先生にニックネームで呼ばれる度に、みんな照れながらも心の底から喜んでいた。

その中でも、一番喜んでいたのは、きっとこの僕だ。だって、「Ambitious Japan」なんてニックネーム、僕にはもったいないくらいかっこいいんだから！

ちなみに、ここだけの話だけど、仲良しの李くんは、いろいろ悩んだ結果、「Lionel《ライオネル》」というニックネームに決めたが、まだ一度もみんなの前で呼ばれていない。

李くんは、

「何で僕のニックネームを呼んでくれないのかな。英語、がんばっているのにさ」

と、泣きそうな顔で僕に愚痴を言ってくる。「英名を　呼んでくれろと　泣く子かな」

である。

「フレーフレー、老李！　ファイトファイト、老李！　Good《グッド》 luck《ラック》, Lionel《ライオネル》!」

　そして、「Lionel」は、英語の授業でのデビューを待ちきれず、先にメールアドレスでデビューを果たしたのであった。

18 学校が塾に大変身

「ほら、これ見て」

母は、ママ友からもらったというチラシを僕に見せながら言った。大手塾会社が小学校と提携《ていけい》して、放課後の空き教室や校庭を使って塾を開くのだという。チラシには、学習塾や稽古事《けいこごと》の内容が細かい字でびっしりと書かれている。

「『延時班』で遊んでばかりいてもつまらないでしょう。好きなものに申し込んでみたら？　硬筆《こうひつ》の講座もあるわよ」

と、母は僕の字が汚いことを暗にほのめかす。

僕は二年生になっても「延時班」で、母が迎えに来るまで宿題をしたり、李くんとゆっくり遊んだりして過ごすつもりだった。習い事になんか興味がなかった。

「習い事なんかできないよ。学校の勉強だけでも大変なんだから」

僕は速攻で答えた。

数日後、帰りの会で賈先生からもクラスの全員に同じチラシが配られた。それを見た李くんが、

「ねぇ、一緒に何か習わない？」

と誘《さそ》ってきた。

李くんがそう言うのなら、何かやってみてもいいよ。李くんと一緒なら、何でも楽しくできそうだし。

「うん、いいよ。何を習おうか？」

早速、僕たちはチラシの細かい文字を一つ一つ追ってみた。

文章読解《どっかい》、作文、算数、数学オリンピック、英会話、ニュートン物理、科学技術、無線、硬筆、毛筆、児童画、漫画、墨《すみ》絵、水彩画、色鉛筆画、デッサン、陶器、演劇、漫才、話し方、ボイストレーニング、音楽基礎、ラテン舞踊、エアロビクス、ストリートダンス、ジャズダンス、新体操、ローラースケート、サッカー、バスケットボール、卓球、テコンドー、将棋、チェス、ペーパー工作、マジック、コンピュータ、ギター、エレクトーン、トランペット、バイオリン、アコーディオン、二胡、琵琶《びわ》、民族楽器……。

「ありすぎて、何がいいかわからないなぁ」

と、李くんは僕が言おうとしたことを言った。内容を想像できないものもあった。「ニュートン物理」、「科学技術」、「話し方」は、李くんも僕も「なんだろう、なんだろう」と頭をひねった。

僕たちは何度も相談して、二年生の前期は、水曜日に「硬筆」と、金曜日に「ペーパー工作」を習うことに決めた。母はもちろん、李くんのお母さんも大賛成してくれた。

クラスのほとんどの人が、なんらかの習い事に申し込んだようだった。

「数学オリンピックの講座に申し込みなさい」と、親にしつこく言われていた付くんも、僕たちの話を聞きつけて、「ペーパー工作」に申し込んだ。馬ちゃんは、「ラテンダンス」と「エアロビクス」に。

これらの習い事は、放課後から夜の七時ごろまで行われた。

母は、「学校から塾までの送迎が省《はぶ》けてラクだわ。それに、学校で遅くまで預《あず》かってくれるから安心ね」と、共働きのママ友たちと喜んでいた。

学校が塾に大変身するなんて、中国ならではのシステムかもしれない。でも、たしかに合理的だ。

ところで、肝心な習い事だけど、「ペーパー工作」では、主に紙をハサミで切って張り合わせる作品を作った。

「ペーパー工作」と聞いて、折り紙を作るのを想像していた僕としては意表を突かれたが、大きさの違う数種類のハサミを使って作品を作るのはけっこう楽しかった。何より、チョキチョキと紙を切ることが快感でやみつきになる。

もう一つ、期待された「硬筆」の方はというと……。初めのうちはがんばって丁寧に練習していたのだが、「なまけ癖」との縁を切ることができず、だんだんと手抜きをするようになってしまい、周りの期待を裏切る結果に。もともと本人に「字が汚い」という問題意識がないのも、字の上達を阻害《そがい》していた。本人の、テストで減点されなければいい、という低レベルな目標は一応達成されたが、それ以上の向上は望めなかった。

母は母で、「硬筆」で悟《さと》りを開いたようだ。本人に向上の意欲がなければ、どんなに周りが押しても引っ張ってもダメ。いかに向上心を育てていくかが大事だ、とママ友たちに説き始めている。

19 中国の子はよく勉強する⁉

「中国の子は、みんなよく勉強するんだって」と、中国へ行くことが決まってから、日本のみんなはよくそう言っていた。僕に、心の準備をさせるためかどうかはわからないけど。

実際に中国に来て、たしかにみんなよく勉強していることがわかった。授業中は、みんな静かに先生の話を聞いていて、おしゃべりがまったくない。授業が始まってから、「トイレに行ってもいいですか？」と聞く人もいない。

授業中ばかりではない。自主学習の時も、「ドリルの時間」も、「延時班」でも、みんな熱心に勉強する。先生たちの「テストの得点の読み上げと掲示」政策が効果をあげているのかもしれない。が、僕は、莫大な量の宿題がそうさせているのではないか、と睨《にら》んでいる。

今典小学校では宿題として、国語の教科書の音読と漢字練習、そして計算問題が毎日出される。ここまでは、ほぼ日本と同じかもしれないが、二年生になってからさらに漢詩百首の暗記と数学オリンピック（中国では、奥数《アオシュー》という）の問題が宿題に追加された。

漢詩百首は、日本の百人一首と同じ感覚で覚えていけばいいのだが、キツイのは数学オリンピックの問題だ。

「数学オリンピックってなに?」と思うだろう。僕もそう思った一人だった。中国に来るまでは、「数学オリンピック」なんて、うわさに聞いたこともなければ、もちろん問題など見たこともなかった。でも、ひとたび中国に上陸すると、問題を解いたことがあるかどうかはさておき、老若男女を問わず、誰もが数学オリンピックという言葉にぶち当たる。

ここで、数学オリンピックを知らない人のために、簡単に説明しよう。

数学オリンピックとは、毎年高校生を対象とした数学の問題を解く能力を競う国際大会のことで、一九五九年に始まり、一九九〇年代から中国が常にトップにいる。日本は、一九九〇年の第三十一回北京大会から参加している。中学生以下を対象とする「国際数学競技会」も世界各国の持ち回りで行われ、こちらも中国が毎年トップにいる。

このことから、中国では、算数や数学に力を注いでいることくらい、この僕でもわかる。

小学二年生の僕たちも例外なく、将来の数学オリンピック出場に向けて、日夜勉強に励まなくてはならないのだ。

数学オリンピックの問題は、解いたことがある人ならわかると思うが、高レベルの知恵の輪を何時間もかけて解くよりも難しい。

僕たちには宿題として学年相応の問題が出されているとは思うが、頭をどんなにひねっても答えをひねり出せず、途方に暮れて空を見つめるばかり。しばらくして、ふと我に返り、また頭をひねる。一日中、その繰り返しだ。李くんと平日も休日もいつも一緒に宿題をしているが、二人して「秋の空　ひねもすひねり　ひねりかな」である。

数学オリンピックの問題に悪戦苦闘しているのは、僕たちだけでなく、クラスのほとんどがそうだった。

二年生になってから、「昨日の数学オリンピックの〇〇番目の問題、わかった?」が、毎朝の通学路でのあいさつになった。しかも、当事者の僕たちを差しおいて、お母さんたちの方が我先にこのあいさつをするのだった。

数学オリンピックの問題に悩まされているのは、小学生だけではない。中学生にもなると、さらに深刻さを増すようだ。

朝、アパートのエレベーターで、何人かの中学生と一緒に乗り合わせることがよくある。ある少女は、いつも右手にバナナ、左手にパック牛乳を持って、エレベーターに乗り込んでくる。バナナと牛乳を交互に口に運びながら、同じ年ごろの少女と、「数学オリンピックの問題、わかった?」とか、「昨日の宿題、朝の○○時までかかったわよ」という類《たぐい》の会話を毎日のようにしている。

「中国の子はよく勉強する」のは、たしかだと思う。だが、ちょっと言い方を変えれば、「よく勉強させられている」のかもしれない。

20

止まらない暴走とスパッツのすすめ

北京の秋は短く、十一月初旬には最低気温が五度を下回る。そうなると、アパートや学校にヒーターが入る。教室の窓は二重窓になっているから、教室内の温度は常に二十度前後に保たれていて快適だ。寒さはまったく感じない。

ところがだ。クラスのみんなは、真冬になる前から幾重《いくえ》にも服を重ねている。教室の後ろの席から見ると、まるで赤・青・黄などの鮮やかな色の服を着た雪だるまが椅子に座っているようで、「ここは雪まつり会場か?」と錯覚《さっかく》におちいるほどだ。どう見ても、「重ね着のしすぎじゃないの?」と僕は思う。授業中ならともかく、休み時間に校庭を走り回った後なんかは、みんな真夏の時のような大粒の汗をかいている。「ほら、やっぱり厚着のしすぎだよ」と言いたくなる。

寒冷地の長野県で生まれ育った僕は、北京の寒さはへっちゃらだった。みんなのように厚着をしなくても、昨年は冬を越せた。

着膨《きぶく》れしていない僕がよほどめずらしいのか、「なんでそんなに薄着なの?」と、見ず知らずの人に聞かれることがよくあった。それどころか、登下校で行き交うお母さん方に上着の袖口から中を覗《のぞ》かれて、「やはり、噂《うわさ》どおりだわ。三枚しか着ていないじゃないの!」とか、太ももあたりのズボンを摘まれ、「ズボンの下に履《は》いていないわね。よく風邪をひかないね」と驚かれたりした。

最近は買先生までも、お母さん方と同じように、「ズボンの下に何も履いていないようだね」と言ったかと思えば、「ちゃんとスパッツを履いてきなさい」と、ついこの前注意されてしまった。

そう言われても、「特に寒くないし、自分で好きな格好をしているんだから、いいじゃん」と、僕は思っていた。

ところがある日、

「お願いだから、スパッツを履いて。薄いのでいいから」

と、母は真剣な面持《おもも》ちで言った。

僕は、小さいころにスパッツを履いたことがある。脚にピタッとへばりついて、気持ち悪かった記憶がある。しかも、履くのに時間がかかったし、トイレに行った時も、脱ぐのにひと苦労だった。だから、スパッツを履くのを嫌がった。母もそのことを知っているから、それ以来、僕にスパッツをすすめることはなかった。

その母が、スパッツを履くように言っている。「きっと何かある」と、嫌な予感がした。

母は続けて言った。

「賈先生に虐待《ぎゃくたい》を疑われているのよ。だから、がまんして履いてくれない？」

母のしょんぼりした様子から、僕は小学生なりにスパッツを履かないわけにはいかないのだと悟《さと》った。僕に言わせれば、スパッツを強制的に履かせるほうが虐待だよ。

次の日から、僕はしかたなくスパッツを履いた。

だが、このスパッツが僕にとって救世主になるとは、この時、誰が予想できただろう。

その日、僕はいつもと変わらず「休み時間同盟」に参加し、集中して諸活動をこなした。しかし、五時間目が始まってまもなく、あそこがムズムズしだしたのだ。「ハッ！」と、鬼ごっこに夢中になりすぎて、授業開始前にトイレに行きそびれてしまったことを思い出す。

——どうしよう。今から賈先生に「トイレに行ってもいいですか？」なんて聞こうものなら、「トイレは休み時間に行くものです！」と、大きな雷が落ちるだろうな。どうしよう……。授業が終わるまでがんばってがまんするしかないかも……。

雷に打たれて生死をさまようか、それとも授業が終わるまでがんばってがまんするか。その両方を天秤《てんびん》にかけてみた。答えは明らかだ。前者のような自殺行為を選ぶ勇気なんて僕にはない。消去法で、僕は後者を選んだ。これが、人生最大の失敗だった。

僕は、授業そっちのけで、がんばってがまんした。ひたすらがまんした。「時計よ、早く進め！」と呪文《じゅもん》を唱え、眼力で時計の針を動かした。一分一秒を進めるのに、とてつもないエネルギーが必要だということを、この時、僕は思い知った。

やがて、体がブルブルと震えだした。

「やばい！　漏《も》れる！」

時、既に遅し。全集中で踏ん張っていたブレーキが壊れ、あそこが暴走してしまった。

「止まれ！　止まれ！」

しかし、一度暴走しはじめたものは、もう自分の意志ではどうにもならない。

「……」

容赦《ようしゃ》なく、股間に温かいものが伝っていく。

「……」

時間だけが止まった。

「……最悪だ……」

昼休みにトイレに行かなかった自分を悔《く》いたところで、もう後の祭りだ。

「……おしまいだ……」

みんなにバレたら、絶対「やーい。やーい。漏《も》らした。おもらし小僧。やーい」なんて冷やかされるに決まってる。そうなったら、メンツもへったくれもない。

「折り紙外交」の樹立だの、「中日小使」だの、のぼせ上がっていた僕にしっぺ返しがきたんだ。この世の終わりだ……。

地獄に突き落とされた思いで、おそるおそる床に目をやった。


⁉


「うん？　ない⁉　ない！　痕跡《こんせき》がない‼」

な、なんと！　あのスパッツがスポンジの役割を果たしていたのだ！　まさに、けがの功名！

「よかったぁ……」

だが、いくら教室内が二十度前後に保たれていて、快適な温度であるとは言え、暴走した温かいものが冷たくなっていくのを感じた。

『感じるな！　考えろ！』

と、もう一人の僕が僕に喝《かつ》を入れる。

「……うん……。……もしかして……、……もしかしたら……、このまま黙ってがまんしていれば、漏らしたことがバレずに済むかも……」

僕は考えた。みんなにコトがバレることを思えば、これくらいのがまんは、がまんの内に入らない、と考えた。

ようやく授業が終わった。トイレに行こうとしたが、もう出るものは全部出し尽くした感もある。それに、あそこが気持ち悪くて、一歩も足を動かしたくない。一見外からはわからないが、ビショビショに濡れた雑巾が股にへばり付いている感じだ。

『感じるな！　耐えろ！』

次の授業は体育だった。李くんが近づいて来て、「さあ、行こう」と、いつものように声をかけてくれた。股間にへばりついている濡れ雑巾《ぞうきん》は、経験したことのない感触だが、ここで躊躇《ちゅうちょ》していてはコトがバレてしまう。

『感じるな！　動け！』

僕はゆっくりと立ち上がり、顔も動きも「ひょっとこ」に変身しそうになるのを必死に堪《こら》えて校庭に出た。

六時間目の始業のチャイムが鳴って、僕たちはいつものように校庭に整列した。

日差しは暖かく、頬《ほお》にあたる風も冷たくはないのに、僕のあそこに向かって吹く風だけは針のように容赦なく肌を刺してくる。

「……だ、だ、誰か助けて……」

そこへ、職員室の方から賈先生がゆっくり歩きながら近づいてきて、

「趙一橋くん、用事があるからこちらへ来なさい」

と、僕に手招きをした。

僕は列から離れ、痛みとがに股になるのを必死に堪《た》えながら賈先生の手招きする方へ行くと、

「教室で待っていなさい。もう少しで、お母さんが来るから」

とだけ言って、賈先生は職員室の方へ戻っていった。

「お母さんが来る？　どうしたんだろう」と思いながら、僕は誰もいない教室へゆっくり戻った。

しばらくして、母は紙袋を手に、息を切らして教室へ入って来た。

「賈先生から携帯に電話があったのよ」

と言いかけたところで、賈先生が教室に入って来た。そして、仏のような慈悲《じひ》深《ぶか》い面持ちで言った。

「授業が始まってから、『トイレに行ってもいいですか？』と言ってはいけないが、言わなくてはいけない時もあるのですよ」

!!!

「バ、バ、バレてたんか〜い!!!」

小学二年生（日本では、もう三年生）にもなって、授業中に漏らすなんて、慙愧《ざんき》の念に堪《た》えない。が、それよりも、バレてしまったことの方が心の傷だ。できれば、自分の中だけに留めておきたかった。

もしも、神様が一つだけ願いを叶えてくれるなら、漏らしたことよりもバレたことをなかったことにしてほしい。

だが、少なくともクラスのみんなにはバレていないはずだ。スパッツのお陰で、九死に一生を得たのだ。


人生最大の失敗を犯し、地獄に落ちそうになった僕から、未来を生きるみなさんのためにアドバイスできることがあるとしたら、迷わず言わせてもらおう。

スパッツを履いた方がいいですよ。

21

戦争にぶち当たる

ある日の国語の授業のことだった。

授業が始まって、いつものように賈先生が、その日に習う教科書のページを開くようにクラスに指示を出した。

僕は指示されたページを開き、タイトルに目を通した。「小英雄」という三文字が目に入った。

——今日は、小さなヒーローの物語か。へぇ〜。

ページの下の方に目を移していくと、奇妙な挿絵《さしえ》が飛び込んできた。赤いチョッキを着た少年が、右手に槍を持ち、大きな岩の上に立っている。その姿は、いかにも勇ましい。その少年が立っている岩の下の方には、緑の帽子と服を身につけた兵隊らしき大人が五人。みな少年の方に槍を向けている。少年に一番近い人の槍の先には、白い旗のような物がぶら下がっている。その旗の真ん中に、赤い丸が岩に隠れて半分だけ見えている。

――……待てよ。もしかして、これは日の丸？　……ってことは、この大人たちは、日本兵ってこと……？

挿絵が何を表しているのか、この時はまだわからなかった。

賈先生は、しっかりと聞くように、と指示を出してから、ゆっくりと朗読を始めた。

「九月十六日の朝、山に沿って攻めていた日本軍が村に迫っていました。十三歳の少年が村への案内を頼まれましたが、危険を察し、軍を袋小路へと誘導しました……」

いつもは優しい賈先生の朗読の声が、暗くくぐもった。

「……少年は殺されました。寒い山の中、村人を守った少年の血は滴《したた》り、青い空を紅に染めました……」

！

教室の空気が一変したのがわかった。

僕は、何か鈍器《どんき》のような物で頭を思いっきり殴られたような気がした。

突然、中国に来てから奇妙に感じていた断片的なシーンが、スライドショーのように次から次へと頭の中を流れていった。

「手心、手背。狼心、狗肺！　日本投降、中国万歳！」のチーム分けのかけ声は、単なる語呂合わせではないのか！　テレビで偶然見た抗日ドラマは、フィクションではなかったということなのか！

点と点が繋《つな》がって線となっていくように、今まで理解できなかった数々のシーンが繋がって、一本の大きな矢となって僕の心に深く突き刺さる。

――痛い。心が痛い……。

急に怖くなった。日本人の自分が責められている気がした。

――戦争の話なんて嫌だ。早く終わってくれ！

早くその場から逃れたかった。教室を飛び出して、誰もいない所へ行きたかった。

――早く終わってくれ！　早く終わってくれ！

必死に祈った。中国に来てから、四十分間の授業がこんなに長く感じたのは、初めてだった。

チーム分けのかけ声を、「日本投降」から「美国投降」に変えてくれたことを呑気《のんき》に喜んでいた自分が恥ずかしくなった。何も知らずに「中日小使」だなんて、粋《いき》がっていたことが悔しくなった。

ようやく、授業終了のチャイムが鳴った。だが、僕は動けなかった。

——……もう誰も、一緒に遊んでくれないかもしれない……。

あんなに教室から逃げ出したかったのに、動けなかった。

しばらくして、

「遊びに行こう!」

と、李くんの声が聞こえた。おそるおそる顔を上げると、そこにはいつもと変わらない笑顔の李くんがいた。その後ろには、付くんもいる。そして、二人の後ろには、馬ちゃんと王ちゃんもいた。

——李くん、ありがとう。付くん、ありがとう。みんな、ありがとう。本当にありがとう……。

でも、胸がいっぱいになって声にならなかった。

僕は、僕が生まれる前にあった戦争が憎《にく》い。今の僕たちの仲をじゃましようとする戦争が憎い。憎くて憎くてしかたがない。でも、その憎い戦争をなかったことにすることもできない。

「じゃあ、どうすればいい？」「じゃあ僕は、何をすべきなんだろう？」と、この時から頭の中で追いかけっこが始まることがある。

そして今も、その追いかけっこは続いている。

22 お楽しみ会

中国の学校は二学期制で、前期は九月から春節《しゅんせつ》（中国の正月、一月中旬）休み前まで、後期は春節休み明けから六月末ごろまでだ。

前期の最終日を翌日に控《ひか》え、賈先生は帰りの会で重大発表をした。

「明日の学級活動の時間で、お楽しみ会をします。発表できるものを準備してきてください。一人で発表してもいいし、友達と一緒でもいいです」

突然の知らせにみんなは、一瞬顔を見合わせてから、打ち上げ花火のように勢いよく椅子から飛び上がった。

中国の現地校に入学してもうすぐ一年半になるけど、お楽しみ会どころか、勉強以外の活動はまったくなかった。遠足も、校外学習も、音楽会も、運動会も、マラソン大会もなかった。始業式も、終業式も、卒業式も。あったのは、一年生の時の入学式だけ。だから、お楽しみ会があると聞いて、僕は体の中でポップコーンがはじけるくらい嬉《うれ》しかった。中国のみんなは勉強ばかりしていてもしんどくないと勝手に思っていたけど、そんなことはなかったんだ。みんなも同じ思いだったんだ。

さて、何を発表しようか……。他の人に自慢できるような、かっこよくて、おもしろい芸なんて思いつかないし、人前に立つのもちょっと恥ずかしい。何よりも、今からでも完璧に仕上げられるものを考えなくてはいけない。何にしよう……。

僕は、いつものように頭の中の検索エンジンを立ち上げることにした。そして、「お楽しみ会　芸　完璧」と入力してみた。

？

「……なに？　お探しのページが見つかりません？　そんな……」

じゃあ、他のキーワードでやってみよう。

「自慢　かっこいい　おもしろい」

？

「……また見つかりません？　……どうしよう……」

困った。これじゃ、何も発表できない。しょうがない、李くんに相談してみよう。こういう困ったことがある時は、いつも李くんが頼りだ。

放課後、李くんに一緒に何か発表しないか、と相談してみた。すると、

「僕はもう決めたよ。得意な小話があるんだ。それを発表しようと思ってるんだ！」

と、李くんは目を輝かせて言う。

そうか。もう決めたのか。じゃあ、しょうがない。一人で何か発表できることを考えるしかない。

でも、なかなか思いつかない。あてにしていた検索エンジンも頼りにならない。

夕飯になって、お楽しみ会に何を発表したらいいか母に相談してみた。母は、すかさず言った。

「あるじゃん。日本にいた時、参観日にみんなで鍵盤《けんばん》ハーモニカの演奏をしてくれたじゃん」

「鍵盤ハーモニカ？　そんなのかっこよくもおもしろくもない。それに、鍵盤ハーモニカなんか中国に持ってきていないし」

「大丈夫。鍵盤ハーモニカの代わりにリコーダーで演奏すればいい」

リコーダーか……。そうだな。すぐにかっこいいとかおもしろい芸とかが思いつかないから、仕方がない。リコーダーにしようかな……。

それにしても、「お楽しみ会」があることをもうちょっと早めに知らせてくれればいいのに……。そうすれば、もう少しかっこよくておもしろい芸を思いついたかもしれないのに。

そういえば、学校からの連絡は、いつも直前になってからだ、と母も愚痴をこぼしていたことがあった。

「春節休みに日本へ帰省したいけど、学校は何日から休みですか？」と、母は賈先生に何度もたずねていた。

それに対して賈先生は、「まだ決まっていないんですよ。まあまあ、そんなに慌てないでください。日本では一年先までの計画が決まっているようだけど、融通《ゆうずう》が利かなくて大変でしょう？」と、母に言っていたのを聞いたことがある。どっちがいいのかわからないが、せめて「お楽しみ会」だけは、もっと早めに知らせてほしかった。これじゃ、リコーダーを演奏するにしても、なんでも完璧にこなさないと気がすまない僕には練習時間がぜんぜん足りない。

僕は、夕飯を急いで食べてから、段ボールの荷物の中からリコーダーを探し出して、さっそく練習を始めた。

僕は時間を惜しんで、「茉莉花《まつりか》」と「メリーさんの羊」を特訓した。この二曲は、中国のテレビで子どもたちが歌っているのを見たことがある。だから、クラスのみんなも知っているにちがいない。「一曲だけでもいいじゃん」と母は言うけど、「一曲だけじゃ、演奏時間が短すぎる」と、何かをやり出すと欲張ってしまう僕の悪い癖があって、結局、夜遅くまで練習した。

次の朝、教室に行くと、「お楽しみ会」の話題で盛り上がっていた。

そして、いよいよ「お楽しみ会」の時間になった。発表の順番は、手を挙げた人からだった。我先にと、ほとんどの人が手を挙げた。みんなには「恥ずかしい」という感覚があまりないようだ。

賈先生に指名された人は、ピョンピョン弾みながら黒板の前に出ていく。そして、小話を暗唱したり、漫才を発表したり、歌を歌ったり、ダンスをしたり……。みんな、自信たっぷりに発表し、肩で風を切って席に戻っていく。

李くんは、オチのある小話を披露し、爆笑をさらっていった。馬ちゃんは、手足がピーンと伸びた逆立ちと側転をかっこよく決めて、われんばかりの拍手喝采《かっさい》をもらった。

ほとんどの発表はおもしろかったが、正直なところ、勢いよく手を挙げた割にお世辞にもおもしろいとは言えない発表もあった。それでも、当の本人は満足げな顔をしているからすごい。やはり、みんなの前向きな思考回路にあっぱれしてしまう。

僕は、手を挙げようか、それとも時間が過ぎていくのを待とうか、と戦っていた。僕の発表はみんなよりも地味だし、笑いも拍手喝采も期待できない。それに、まだ完璧じゃないし……、ちょっと恥ずかしいし……。でも、中国へ来てからというもの、なぜだか「完璧にやらなくちゃ」とか「恥ずかしい」という感覚が日本にいたころよりも鈍くなってきている気がする。上手にできなくても、みんなは大らかに笑って見すごしてくれそうな気もする。

「やりなよ。せっかく夜遅くまで練習したじゃないか」

もう一人の僕が、僕の重い右手を持ち上げようとする。

「そうだな。ここでがんばらなくちゃ、なんのために練習したのかわからないもんな。それに、日本に帰った時にみんなに『がんばったよ』って胸を張って言えるように本当にがんばらなくちゃな」

僕は、重い手を持ち上げた。

「じゃあ次は、趙一橋くん」

賈先生に指名され、僕は震えそうになる手をごまかすためにわざとリコーダーを持つ手を大きく振りながら、ゆっくりと黒板の前に歩み出た。

「おおー！　それ何？」

と、僕のリコーダーにみんなの視線が集まる。

「とにかく、落ち着いて吹こう」と、自分に言い聞かせながら演奏をした。

緊張していたせいか、途中で息が続かなくなり、本来するべきではない所で息継ぎをしてしまったから、調子が狂った。昨晩の練習の時よりもはるかにダメだった。でも、演奏が終わると大きな拍手が聞こえた。ほっとした。

みんなは、初めて見るリコーダーに目が点になっていた。でも、もっとみんなをびっくりさせたのは、僕が見ていた音符のようだ。演奏が終わってから、

「その、おたまじゃくしのようなものは何？」

と、隣のひょうきん者の孫くんが大きな声で言うから、周りのみんなも僕の机の上の楽《がく》譜《ふ》をのぞき込んでくる。

中国の音楽の教科書は、1・2・3の数字で音階を示している。だから、♪のような音符がめずらしかったようだ。

「すごいな。そんなおたまじゃくしみたいなのがわかって」

と、思わぬところで感心されてしまった。

「えっ？　すごい？　そう？」

ほめ言葉を素直に受け入れられるのが僕のいい所だ。心の中で「よっしゃ！」と小さくガッツポーズをした。たとえ、リコーダーの演奏よりもおたまじゃくしで認められたとしても、それはそれでいい。

楽しい時間はあっという間に過ぎていった。もっと、こんな時間があったらいいなと思った。この「お楽しみ会」は、みんなに笑いや充実感を与えただけじゃなく、僕の「完璧にやらなくちゃ」とか「恥ずかしい」とかのスイッチをいい意味で破壊してくれたようだ。

ありがとうございます、賈先生。ありがとう、「お楽しみ会」。

23 中国少年の中国少年による中国少年のための〜

二年生も残り一カ月となった五月末、来年度の「少年先鋒隊《せんぽう》」のクラスリーダーを選ぶことになった。

「少年先鋒隊」は、難しいことは僕もわからないが、みんな「紅領巾《ホンリンジン》」と呼ばれる赤いネッカチーフを巻くことになっている。

「紅領巾」は自分で購入し、入学式からつけなくてはいけなかったから、入学と同時に「少年先鋒隊」に入隊したことになる。日本でいう児童会のようなもので、小学校に入学すれば、みんな自動的に入会するのと同じシステムだ。

その「少年先鋒隊」のクラスリーダーになることは、とても名誉なことで、みんなの憧《あこが》れらしい。日本ならば、児童会のクラス代表のようなものだ。

選出の日が近づくにつれ、誰がクラスリーダーになるかが、みんなの話題の中心となった。

「載くんは絶対にリーダーに選ばれるだろう」というのがクラス全員の見解だが、残りのリーダーについては、それぞれ意見が分かれていた。

僕は、李くんがなったらいいなと思った。もし投票形式なら、迷わず李くんに一票を投じる。

その李くんは、「趙一橋が選ばれたらいいなぁ」と言いつつも、「でも、日本国籍だろう? 正直なところ、絶対条件として無理だと思うな」と、悔しさを露《あら》わにしていた。

なんでも、李くんが言うには、「少年先鋒隊」とは、「中国少年の中国少年による中国少年のための組織」なのだそうだ。そのリーダーともなれば、選考基準は厳守《げんしゅ》されるだろう、と言うのだ。

僕も、自分は絶対に選ばれないと思っている。半年後には日本に帰らなくてはならないからだ。そんな途中下車予定のヤツに、これからの学校どころか、クラスだって任せられないだろう。どう考えても、不利益のほうが大きい。六年生の最後まで、責任を持って乗り続けられる人に席を譲《ゆず》ったほうがいいに決まっている。しかも、もし日本国籍の僕なんかがリーダーにでもなったら、中国と日本の国家間の問題に発展しかねない。だから、絶対に選ばれないだろう。傍聴席《ぼうちょうせき》で、安心して成り行きを見守ることにしよう。

いよいよ、「少年先鋒隊」の選出の日になった。

学級活動の時間に、賈先生がみんなを静かにさせてから言った。

「来年度の『少年先鋒隊』のクラスリーダーを発表します。八人います。名前を呼ばれた人は、前に出て来てください」

――投票で決めるんじゃないんだ。やっぱりな。

リーダーの選出方法を何回か学んできた僕は、なんとなく予想できていた。

みんな、固唾《かたず》をのんで発表を待っている。

「では、男子から発表します。男子は五人です」

傍聴席に座っている僕は、みんなよりも明らかにリラックスしていた。

「まずは、載くん」

名前を呼ばれた載くんは、みんなの拍手に送られて、小さくガッツポーズをしながら、前に出て行った。そして、胸を張って黒板の前に立った。

拍手が止むのを待ってから、賈先生は続ける。

「李くん」

李くんは、頭をかきながら前に出て行った。

「おめでとう老李。やはり君は選ばれるべき存在だ」と、僕は心の中で言いながら、思いっきり激励《げきれい》の拍手を送った。

続けて、付くんと楊《ヤン》くんが発表された。二人とも満面の笑みを浮かべている。

「では、最後の一人です」

みんな、最後の一人の発表に耳をダンボにしている。

「趙くん」


？


――えっ？　なんて言った？　僕？　そんなはずがない。きっと聞き間違いだ。中国の苗字は、一文字がほとんどで、間違うことが多い。うん、ぜったい僕の聞き間違いだ。

「趙く～ん」

みんなが一斉に一番後ろの席の僕に視線を送ってくる。そして、僕に向かって拍手をしている。

――えっ？　聞き間違いじゃないの⁉︎　僕が？　どうして？

僕は狐《きつね》につままれたような思いで、おそるおそる立ち上がり、牛歩のごとく黒板の前に出た。もし、教室内を映すモニターがあって、五人の中で一番頼りない姿をしている輩がいたとしたら、それは間違いなく僕だ。

賈先生は、続けて女子のリーダーを発表した。馬ちゃん、王ちゃん、孫ちゃんが呼ばれた。

八人が黒板の前に揃い、賈先生はクラスに向かって言った。

「では、来年度の『少年先鋒隊』のリーダーは、この八人でいいですね？」

「い～いで～す」

と、みんなは口を揃えて答えた。

賈先生から「少年先鋒隊」のバッチを渡され、クラスは再度盛大な拍手に包まれた。

それにしても、なぜ途中下車予定の僕がリーダーに選ばれたのか、わからない。わからないけど、クラスのリーダーに選ばれたんだから、クラスのためにがんばろう、と思った。

具体的に何をどうがんばるのかは、相変わらずよくわからなかったけど。

数日後の六月一日、今典小学校の本校で「少年先鋒隊」の式典が行われた。この日は、中国では「子どもの日」。学校は休みだが、九月から三年生になる僕たちの学年だけは、この式典のために全員が登校した。親たちも子どもと一緒に参加してもいいことになっていた。

僕は式典がどんなものか知らなかったが、朝からワクワクしていた。

会場となる本校へ行くだけでも、心が躍った。

僕たちは、校庭に並べられた椅子にクラスごと座らされた。

式典が始まると、まず上級生による鼓笛隊《こてきたい》の演奏が始まった。五十人ほどの鼓笛隊は、トランペット、トローンボーン、大太鼓、小太鼓、シンバルなどの楽器を演奏しながら、校庭の端から中央に向かって行進してくる。先頭にいる指揮者は、バトンをリズムよく動かし、クルクル回転させている。バトンを落としてしまうのではないかと、ヒヤヒヤしながら見ていたが、一度も落とすことはなかった。

続いて、六年生の「少年先鋒隊」隊長があいさつをした。六年生になるとあんなにカッコよくなるのか、と尊敬の眼差しで見ていた。

そして僕たちは、校庭の前方中央にあるステージに上がり、上級生から隊員証を渡され、白地に赤の二本線が入った腕章を付けてもらった。

最後に「少年先鋒隊の歌」を鼓笛隊の演奏に合わせて、会場に集まった全員で合唱して、式典は終わった。

アパートに帰ってから隊員証を開くと、名前や生年月日の下に「民族」という欄《らん》があった。

――「民族」か。僕は何になるんだろう。

「民族」なんて考えたことがなかった。

――出身国なら日本って、書けるけど……。ちょっと、違うような気がする……。クラスのみんなは、ほとんどが漢族で、朝鮮族、満州族、回族、ウイグル族の人もいるけど、僕は何族かな？　「貴族」？　……いやいや、ありえない。「家族」？　……違うな。「暴走族」？　……う〜ん。たしかに、あそこが暴走してしまったことはあるし、いつもとんでもないところに頭が暴走してしまう、という意味では「暴走族」なのかもしれないが……。

「民族」という言葉がしっくりこなかった僕は、いろいろ迷った末、「日本」と書いた。

――でもこれじゃ、「中国少年の日本少年による中国少年のための～」と、意味がわからないものになってしまう。いっそう、「日本少年」を「うさぎ少年」に変えて、国籍がわからなくしてしまえばいい。でも、人間か動物か、わからなくなってしまうかな。いや、人間も動物だ。

……いやいや、やはり僕は「暴走族」を名乗ったほうがいいのかもしれない。

第4章

少年、中国で思い知る

24 三度目の秋

一年一年と時間が過ぎていくのが速くなり、僕たちはあっという間に三年生になった。新幹線が速度を上げて走っていくように、時間の流れも加速していく。

僕たちは、三年生になるのを憧《あこが》れの気持ちで夢見ていた。分校で一・二年生を過ごした僕たちの目には、本校で学ぶ三年生から六年生までの上級生が、とてもキラキラと輝いて映っていた。本校での勉強を許されることで、その仲間入りができるのだ。一年から二年に上がった時とはまるで違う、大きな階段を一段上った気がした。

本校の校庭は、鉄棒しかない分校と違って、卓球台が八台、バスケットゴールが六本もある。四百メートルトラックの線も引いてある。校舎の壁は、一年前に行われた北京オリンピックに合わせて替えられたから、まるで新築のようだった。北京オリンピックのマスコットキャラクターの「福娃《フーワー》」の絵も、まだ校庭の壁に鮮やかに残っている。

新学期の初日、僕は一番乗りを決め込んで、うさぎのようにピョンピョン跳ねながら本校の門をくぐった。本校に入るのは「少年先鋒隊」の式典以来だ。

広い校庭を横切り、一階にあると聞いていた三年一組の教室を見つけ、喜び勇んで教室へ跳びこんだ。

！

先客がいた。誰よりも早く「最初の一歩」を踏み出したかったという僕の小さな夢は、シャボン玉の泡のように消えた。

先客は、見知らない輩《やから》だった。しかも、常《ツァン》くんが座るはずの席に陣取っていた。輩は僕が教室に入っていっても、机の上をじーっと見つめているだけで、顔を上げようとしない。大きな体を小さく見せようとしているのか、肩をすくめている。その様子を、見て見ぬふりをしていた僕は、ハッと、かつての自分を思い出す。

――転校生だ。

この輩も、多くの別れを経験してきたのだ。今は、前の学校のクラスメイトの顔を思い浮かべているに違いない。そして、独りぼっちだ、と打ちひしがれているだろう。僕から話しかけてあげよう。僕の方が、この学校での生活が長い。何でも優しく教えてあげよう。

僕が日本から転校してきた時に、みんながそうしてくれたように。そうすれば、この輩も「きっとうまくやっていける」と、思うだろう。

僕は、最高の笑顔を作って、話しかけてみた。

「僕は、趙一橋って言うんだ。君の名は？　どこから来たの？」

「僕は、×××。×××××××で、××××××××だから、×××××××。よろしくね」

「……」

何を言っているのか、まったくわからない。辛うじて、「よろしくね」だけは聞き取ることができたが。

はて、どうしたんだろう。タイムスリップして、中国語がまったくわからない二年前に戻ってしまったのか⁉

——どうしよう。みんな、助けて。みんな、早く来て。

沈黙が、教室を埋め尽くす。

「フゥ～」

と漏れたため息が、静かな教室を当て所《ど》なく漂《ただよ》う。

！

——あっ、そうだ！　あの手があった！

僕は、二年前に樹立した折り紙外交を思い出した。

——そうじゃん。そうだったじゃん。

折り紙を持ち合わせていなかった僕は、ノートを一枚破り、正方形に切って、作るのが一番難しい鶴を折った。時間稼《かせ》ぎのために。

その様子をニコニコしながら見ていた転校生は、

「××××××で、××××××××だね」

と言った。

「……うん。……うん」

「だから××××××、××××××××だよ」

「……うん。……うん」

うん、と馬鹿の一つ覚えのように繰り返すうさぎ少年。

そうしているうちに、一人二人と教室にやって来た。

——よかったぁ。

教室に入ってきた人から、自然と転校生の周りに集まる。

「どこから来たの？」

「なんて名前なの？」

「好きなもの、な〜に？」

畳み掛けるような質問に、転校生は少しもおじけることなく、ニコニコしながら、

「僕は、×××で、××××××××で、××××××××だよ」

「……」

「×××××××××だから、×××××××××××なんだよ」

「……」

転校生は努めて笑顔でいたが、みんなは顔を引きつらせて、そーっとそれぞれの席へ戻っていく。僕も作り終えた鶴を急いで渡してから、同じ空気の流れに乗って自分の席に戻るチャンスを得た。

――みんなも、何を話しているのか、わからなかったんだ。僕だけじゃなかったんだ。よかったぁ。……でも、転校生のヤツ、ちょっとかわいそうだなぁ……。

心配になって、転校生の方に目をやると、クラス一成績の良い載くんが、転校生と普通

に話しているではないか！

――なんで⁉　でも、さすが載くん、やるなぁ。

それから、載くんを盾《たて》にして、再び転校生の周りに人だかりができた。

結局、転校生の名は代《ダイ》くんといい、両親の転勤のために遠く河南省《かなんしょう》から北京に来たのだと、同じ河南省に親戚《しんせき》がいるという載くんの通訳で、僕たちはわかった。

それからしばらくの間は、載くんが代くんの通訳をしてくれたが、一カ月も経たないうちに僕たちは普通に会話ができるようになった。

代くんは、どんなにつらい時でも笑顔を絶《た》やさなかった。その笑顔が、僕たちを引きつけているのは言うまでもない。

タイムスリップを経験した僕は、改めて笑顔の威力《いりょく》を思い知った。

僕も、笑顔を絶やさずに残りの半年を過ごしていこう。そう思わされた三年目の秋だった。

25

出会いと別れ

三年生になって、担任の先生が賈先生から馬先生に変わった。

賈先生は、また一年生の担任になった。他のクラスの担任の先生はそのままなのに、賈先生だけが変わってしまうなんて……。校舎が違うから、賈先生とはあまり会えなくなるだろう。そう思うと、悲しくなった。

後ろ髪を引かれる思いで、僕は新しく担任となった馬先生の話に耳を傾《かたむ》けた。

馬先生は、常くんが親の仕事の関係で転校したことを話してくれた。そして、新しく転校してきた代くんの紹介を簡単にしてくれた。

――よかったね、代くん。僕の時は、紹介がなかったから、大変な目にあったんだよ。

それにしても、またしてもお別れ会をせずに、もう一人転校していってしまった。

二年生に進級した時、于くんがなんの前触れもなく転校していった時と同じだ。でも、于くんは、僕と同じアパートに住んでいるからまだ会える。常くんとは、もう一生会えないだろう。会えないどころか、連絡先も交換できなかったから、連絡も取れないだろう。

常くんとは、それほど仲良しではなかった。でも、突然いなくなってしまうのは、やはり納得がいかない。悲しい。——そう思うのは僕だけなのか。みんなは平気な顔をしているようだけど。僕がまだ、中国の習慣に慣れていないからなのか……。それとも、半年後にみんなとお別れしなくてはならない自分の姿と重ねているからなのか……。そもそも、悲しくない別れなんてあるのか。お別れ会をしても、悲しいものは悲しいのかもしれない。でも、やはりお別れ会くらいはしたい。

中国に来る前、日本のクラスのみんなは、僕のためにお別れ会をしてくれた。その時に、歌と一人ひとりが書いてくれた手紙をプレゼントしてくれた。その歌を僕はよく口ずさんだ。そうすることで、僕は一人じゃないんだ、と思えた。手紙はお守りとして、アパートの机の引き出しの中に入れている。今まで何度も読み返しては、エネルギーをもらってきた。

だから、常くんにもお別れの手紙くらい渡したかった。それができなくて、悲しくて、悔しい。

僕も、半年後にはみんなとお別れをしなくてはならないんだ。

「出会いと別れを繰り返して、君たちは人の心がわかるようになっていくんだ」なんて、どこかで聞いたような言葉は、もう聞きたくない。みんなとお別れをするのが嫌だ。

僕は、どこにぶつけたらいいのかわからない気持ちをぐっと堪《こら》えながら、馬先生の話を聞いていた。

26

謎の少年Xが教えてくれたこと

三年生になっても、僕はお昼の時間は学校で配達弁当を食べることになっていた。新学期初日は、朝から配達弁当が待ち遠しかった。新学期を何回か経験しているうちに、この日だけはメニューが少しだけ豪華になるのを知っていたからだ。

僕は、少しずつ単調に感じ始めた日々の中から、待ち遠しいものを見つける能力が付いてきたようだ。配達弁当のメニューが水餃子の日。三時間目が始まる前のドリンクタイムに、大好きなナツメ味のミルクが出る日。勉強の時間が「お楽しみ会」に変わる日。

四時間目が終わり、いよいよ昼ご飯の時間になった。配達弁当をめがけて、ロケットスタートを切る男子。僕もその一員に加わり、競争を盛り上げる。僕たちは、親豚の乳を飲む子豚のように、配達弁当に群がった。弁当箱をつかみ取ると、我先にと席に戻り、早食い競争のスタンバイをする。

僕は、水色の弁当箱を開いた。白米のご飯に、白身魚のフライ、トマトと卵の炒め物、そして春雨の和え物だった。大好きなメニューだが、あまり豪華とは言えない。いや、もしかしたら豪華なメニューであっても、そうとは感じなくなってしまっているのかもしれない。

李くんから、こんな話を聞いたことがある。中国のある皇帝が、日ごろから豪華な料理を食べているのに、「もっと美味しい料理を出せ」と言っていたそうだ。だが、ある日たまたま旅先で庶民の食べ物である漬物を食べたところ、「こんなに美味しい食べ物がこの世にあったのか」と、感動したという。僕たちの弁当のメニューも、新学期初日だけはご飯と漬物だけにしてみてもいいかもしれない。

早食い競争の火蓋《ひぶた》が切られると、ようやく餌《えさ》にありついた子豚たちは、誰にも構わず黙々と食べ始めた。食べ始めてまもなく、スーっと教室の入口のドアが開き、見知らぬ少年が一人、静かに入ってきた。そして、何も言わずに馬先生の席の隣に座り、馬先生の食べ残した弁当を黙々と食べ始めた。

――誰だ、あいつ？

あまりじーっと見てはいけないと思いつつも、僕はその少年から目を離すことができなかった。クラスのみんなも、何も言わずに黙々と食べているが、明らかにその少年に目が釘付けになっている。

少年は、弁当を食べ終わると、何も言わず、スーっと教室から出て行った。その一連の動きはごく自然で、当たり前のような流れであっても、僕たちにとっては違和感以外のなにものでもなかった。

――あいつ、なんなんだ⁉

僕たちは、訝《いぶか》し気《げ》に顔を見合わせた。そして、謎の少年を「少年X」と呼んだ。

それから毎日、昼になると、少年Xはやってきた。そして、いつものように一言も発せず、一連の動作をスーっと繰り返した。

しばらくして、少年Xは馬先生の息子で、今典小学校の四年生だという噂《うわさ》がクラスに広まった。

――な~んだ。それならそうと、言ってくれればいいのに。そうすれば、もう少し温かな眼差しを向けられたかもしれないのに。

この時、「情報がない」「正体がわからない」ということが一番怖いことかもしれない、と僕は悟《さと》った。まずは、情報を提供して、多くの人に正体を知ってもらうことが何につけても大事なのではないか、と僕は思うのだった。

アニメでも映画でも、怪物や犯人がわからない時は恐怖を感じたり、ドキドキしたりするけど、いったんその正体がわかると、どんなに怖いものでも、なんだ、とほっとすることがある。

二年前、僕も得体の知れないうさぎ少年として、クラスのみんなを怖がらせていたかもしれない。あの時、もっと自分のことを知ってもらうための努力をすればよかった。そうすれば、もっと早くみんなと仲良くなれたかもしれない。なんで、もっと早く気づかなかったんだろう。

少年Xよ、ありがとう。君は大事なことを僕に教えてくれたよ。これからも、昼ご飯の時間、待ってるよ。大好きな昼ご飯を一緒に食べよう！

でもね、馬先生が注文したラーメンを、どんなにおいしくても、おいしそうに食べるのだけはやめた方がいいよ。みんなを敵《てき》に回すから。

27

年下の六年生に叱《しか》られて

「新しいルールができました。今日から、休み時間に校庭を走ってはいけません。人にぶつかって、けがをするからです。絶対に違反しないように！」

と、朝の会で馬先生は厳しい口調で言った。

さらに続けて、そのための生活委員会が新設されたこと。生活委員会は、六年生の「少年先鋒隊」のリーダーで構成され、違反者をチェックし、その学級担任に報告すること。クラスごとに違反者が集計され、百点満点から違反者一人につき一点減点されること。その結果は毎週月曜日、校舎の入口に掲示されることなど、畳み掛けるように言った馬先生は、最後にもう一度ゆっくりと付け加えた。

「三年一組の名に傷を付けてはいけません。絶対に違反しないように！」

日本にいた時は、「廊下を走ってはいけない」というルールがあった。でも、「校庭を走ってはいけない」なんて、聞いたことがない。だが、今典小学校の本校の児童数は約千人。しかも、児童用トイレは校庭の端にしかないから、休み時間の校庭はいつも芋を洗うような混雑ぶりだ。この状況で、「よ～い、ドン！」と一斉に走ったら、たしかに危ない。ドミノ倒しになるだろう。新しいルールは、状況によって生まれるものだ。

僕は、絶対に走らないように心がけていた。「少年先鋒隊」のリーダーにも選ばれてしまったから、規範意識を高く持っていなくてはならない。

だが、新しいルールが馬先生から発表されてまもなく、僕は三年一組の違反者第一号として、悪しき記録を残してしまったのだ。

昼ご飯の後、またまた遊びに夢中になってしまい、トイレに行きそびれそうになった時のことだった。

――このままがまんしていたら、またあの人生最大の失敗を繰り返すことになってしまう。あの時は、けがの功名で、なんとかメンツを守ったけど。

僕はあの失敗から、どんなことがあっても休み時間にはちゃんとトイレに行くべきだ、と学んだのだ。

授業開始の五分前の予鈴が鳴ってしまったが、僕はトイレから教室へ戻る群れと逆方向へと、急ぎ足で向かった。

用を足し終え、後は来た道を一直線に戻るのみ。校庭には人っ子一人いなかった。視界が開けた校庭を見渡し、

――誰もいないから、ぶつかることもない。しかも、生活委員もいないし。

そう思った僕は、小走りで戻った。数歩駆け出したところだった。

「止まれ！」

！

――しまった！　ネズミ捕《と》りがいたか！

稲妻のような鋭い声に、僕は直立不動になった。ゆっくり振り向くと、生活委員会の腕章を付けた背の低い少女が、僕を睨《にら》んでいた。

――どこかで見たような顔だなあ。あっ、肖《シャオ》ちゃんだ、肖ちゃんじゃないか。

肖ちゃんは、母の知り合いの娘さんで、夏休み中に僕のアパートの近くに引っ越してきた。母に付き添って、肖ちゃん家族の新しいアパート探しの手伝いをした時に、僕たちは顔見知りになった。肖ちゃんは九歳で、僕は十歳。肖ちゃんは僕より一つ年下だけど、新

学期から同じ三年生になるはずだ。そう思ってあの時、「お兄ちゃん、バイバイ」と、かわいく手を振る肖ちゃんをやさしく見送ったのに……。その肖ちゃんが、なんで学年が三つも上の六年生なんだ?

「はい、何年何組ですか?」

と、容赦なく問い詰めてくる肖ちゃん。

「え……。え……」

「何年何組ですか! 早く言ってください!」

「……すみません。……三年一組です」

「校庭を走ってはいけません! わかってますか!」

その質問は、「誰もいないから、走っても誰にもぶつかりません」という、情状酌量《じょうじょうしゃくりょう》の余地を与えてくれない。

「……はい。……すみませんでした」

「戻ってよろしい!」

「……はい……」

僕は、トボトボと教室へ戻った。毎日鼻の穴を膨らませて付けていた「少年先鋒隊」のリーダーの腕章を、この時ばかりは外したいと思いながら。

それからも、「なんで肖ちゃんが六年生？」という問いに、僕の脳は占領されていた。後になって、その理由がわかった。

中国でも小学校入学は六歳と法律で決められているが、肖ちゃんはなんと、四歳で入学したそうだ。中国の田舎ではよくあることらしいが。だから肖ちゃんは、九歳にして既に六年生というわけなのだ。

それにしても、かわいい妹分だと思っていた肖ちゃんは、実は学年が三つも上で、その肖ちゃんに、身長が一・五倍もある「少年先鋒隊」のリーダーの僕が、こっぴどく叱られるという情けない状況を、しばらく受け止められずにいた。


月曜日に校舎の入り口に掲示された結果は、「三年一組：九十九点」だった。他のクラスは、みな百点だった。

約一カ月半後に、この今典小学校とお別れをしなくてはいけない僕は、「立つ鳥跡を濁さず」を「男の美学」として貫《つらぬ》こうとしていたのに、「立つうさぎ跡を濁す」結果となってしまった。

馬先生、本当にすみませんでした。みんな、本当にごめん。三年一組の名に傷をつけたのは、何を隠そう、この僕です。

少年先鋒隊のクラスリーダーに選ばれた時、「クラスのためにがんばる」って誓ったのに、よりによって、最後の最後に一番お世話になったクラスのみんなに傷を残すことになるとは。恩を仇で返すのか。このばかばかばかばか！

終章　少年、中国とお別れする

28 人生最大の計《けい》

三年生の前期は、あっという間に終わった。

一月末から約一カ月間の春節《しゅんせつ》（中国の正月）休みは、李くんといつものように一緒に宿題をしたり、互いの家でお泊り会をしたり、春節の期間中だけ運営されている出店に行って縁起物や春節グッズを買ったり、氷がはった近くの湖でそり遊びをしたりして過ごした。

そして、春節休みが明けると、僕はいよいよ落ち着かなくなった。三月の初めには、日本に帰らなくてはならない。予定されていた中国での滞在期間が、終わりを告げようとしている。とうとう、終了へのカウントダウンが始まった。

中国に来たばかりのころは、早く日本に帰りたいと思っていたのに、今は、日本に帰れる嬉しさと、三年一組のみんなと別れてしまう寂しさとがケンカをしている。こんな気持ちになるなんて、想像もしていなかった。

今まで出会ったクラスメイトの中で、予告もなく、もちろんお別れ会もなく、二人の仲間が突然転校していってしまった。納得がいかなかった。自分の心を落ち着かせる術《すべ》を知らなかった。だから、僕がみんなとお別れをする時は、納得がいくものにしたい。でも、どうすれば、納得がいくのか……。どうすれば、きちんとしたお別れができるのか……。どうすれば、悲しくならずに済むのか……。

まもなく訪れる別れに、どう立ち向かえばいいのかわからず、時間だけが無残にも過ぎていく。でも、じっとしていられなかった。僕は考えに考えた。そして、「人生最大の計」を思いついた。

それから僕は、「人生最大の計」を実行するため、毎晩クラスの一人ひとりに丁寧に手紙を書き、折り鶴を折った。そして、その折り鶴の羽にクラスメイトの名前を書いた。

中国での学校生活が残り一週間となった時、僕は思い切って「人生最大の計」を馬先生に打ち明けてみた。納得がいくお別れをするために、がんばって打ち明けた。馬先生の反応が心配だったけど、「いいですよ」と、穏《おだ》やかに微笑みながら頷《うなず》いてくれた。

今典小学校、最後の日。帰りの会で、馬先生の協力のもと、その「計」を実行した。まず、クラス全員で集合写真を撮る段取りになっている。

――クラスのみんなと集合写真を撮るのは、僕にとってこれが最初で最後だ。

馬先生が、全員を三列に並べてから、

「みんな、笑って～。はい、チーズ！」

と、シャッターを切った。

僕は、馬先生のかけ声に合わせて、笑顔をつくろうとした。でも、なぜだかうまくいかなかった。

みんなでピースをして撮った。そのあと、肩を組んで撮った。二回もチャンスがあったのに、二回ともうまくいかなかった。

それから、みんなと出会った縁が続くようにと願《がん》をかけた五円玉と、手紙と折り鶴を入れた封筒を一人ひとりに手渡した。そして最後に、一人ひとりと固い握手を交わした。「僕のことを忘れないでね。僕もみんなのことを絶対に、絶対に忘れないから！」と、手に力を込めた。

僕の「人生最大の計」は終わった。うまく笑顔をつくれなかったのが少し心残りだが、この時の僕は、信じられないほど行動力があった。まるで別人のようだった。この行動力の源《みなもと》はなんなのか、自分でもよくわからないが。

「本当にありがとうございました、馬先生。これで、納得できると思います」

そう思いながら席に戻ろうとした時、

「ちょっと待ってね。みんなからも贈り物があるのよ」

馬先生は、黒板の前に来るように僕を手招きした。

——えっ？　みんなからも？

「みんなが書いたメッセージよ。それから、これ、大事に育ててね」

と言いながら、透明なガラスの入れ物と小さな箱をやさしく手渡してくれた。

透明なガラスの入れ物の中には、折り紙で作った小さな星がたくさん入っていた。

——えっ？　みんなが書いたメッセージ？　いつ書いたんだろう？

まったく予想していなかったサプライズに、僕は胸が熱くなった。そして、胸から顔に熱が伝わって、その勢いに押されて涙があふれそうになった。それを必死に堪えながら、プレゼントを受け取った。そのプレゼントは、みんなの思いがいっぱい詰まっていて、ずっしりと重かった。

29 声が聞きたくなって

三年一組のみんなとお別れをした次の日、僕は中国を立った。

三年間も中国にどっぷり浸《つ》かっていると、生まれた時からずっと中国にいたんじゃないかという錯覚におちいる。なんとなく、日本に帰るというより、日本へ行く、という方が合っているような気もする。

中国を立つ飛行機に乗る直前、李くんの声がどうしても聞きたくなって、李くんの家に電話をした。まだ学校から帰宅していないかもしれない、という一抹《いちまつ》の不安を覚えたが、李くんが電話に出た。その声は、いつもと違って静かだった。今にも、消え入りそうで、泣き出しそうだった。僕は、李くんに聞きたいことがいっぱいあった。

「今日、誰か学校を休んだ？　数学の時間の計算ドリルは、誰が一番速かった？　配達弁当のメニューは何だった？　少年Xは、今日も三年一組に来てお昼を食べていた？」そして、「僕がいなくなった今日のみんなの様子は？」でも、なぜだか言葉にならない。

李くんも何か話してくれればいいのに、ずっと黙っている。長い長い沈黙が続いた。

どのくらい経っただろう。母に、「何か話したら？　電話代がもったいないわよ」と急かされた時、李くんが受話器の向こうでその声が聞こえたのか、ポツリと言った。

「今日、僕も学校を休んだ……」

「……ああ。……うん……」

僕は、なんて返事したらいいかわからなかった。

李くんは僕と同じで、今まで一度も学校を休んだことがなかった。いつも元気な李くんが、今日初めて学校を休んでしまった。僕には、その理由がはっきりと想像できた。

僕は、「老李。老李」と何度も呼んだ。でも、声が胸につまってしまって、うまくのどに通すことができなかった。


心の準備はしていたはずなのに、僕の日常が突然終わってしまった気がした。これからは、本当に李くんともみんなとも会えないんだ。本当なんだ。うそじゃないんだ。そう自覚した瞬間、涙が止めどなくあふれた。体中の水分が全部流れ出てしまうのではないかと思うほど、僕はなりふり構わず、思いっきり泣いた。

エピローグ

日本に帰ってきてからしばらくの間、三年一組のみんなの顔が頭から離れなかった。青い空を見上げる度に、みんなも同じ空を眺めているかな、と想像した。

家の近くに、中央アルプスと天竜川が一望できる小高い丘がある。みんなにも、僕の大好きなこの景色を見せてあげたいと、散歩の度に思った。

みんなが食べてみたいと言っていたたこ焼きを一緒に食べながら、いっぱい話がしたいと思った。

中国のことはいっぱいわかったから、今度は僕に日本のことを紹介させてほしいと思った。紹介したいことを指折り数えたら、あっという間に両手がグーになってしまった。

みんなが贈ってくれた小さな箱の中には、小さな鉢とひまわりの種が入っていた。

五月になり、その種を家の庭に蒔《ま》いた。花を上手に育てられる自信はないけど、このひまわりだけは、大事に大事に育てていきたいと思った。

ガラスの入れ物に入っていた折り紙の星の裏側には、鉛筆でメッセージが書かれていた。

――「折り紙を教えてくれてありがとう」「おたまじゃくしがわかってすごい！　僕にも教えてほしかった」「また、北京で会おう！」「中国語を忘れないでね」「これからも応援しているよ。がんばってね」「いつか日本へ行きたいな」「趙一橋、君のことは絶対に忘れないよ」「僕たちのことを忘れないでね」……

小さな文字で書かれた短いメッセージは、一人ひとりの笑顔とセットで、僕の脳内メモリに記録されている。そして、ことあるごとに僕を元気づけている。

そして、「人生最大の計」で手に入れたクラス集合写真は、今日も本棚の上から僕を見守ってくれている。

謝辞

本書を出版するにあたり、日本僑報社の段躍中編集長ならびに段景子社長には、激励のお言葉やご助言をいただき、大変お世話になりました。心より御礼申し上げます。また、編集部の皆様には、毎回膨大な量の校正をお願いしてしまい申し訳ありませんでした。この場を借りて、お詫びかたがた感謝申し上げます。

そして、同じく第五回「忘れられない中国滞在エピソード」（日本僑報社主催）での受賞が縁で知遇を得た、東京藝術大学デザイン科の若狭谷理紗様には、素敵なイラストを描いていただきました。併せて御礼申し上げます。誠にありがとうございました。

二〇二三年初春

大橋遼太郎

著者 **大橋 遼太郎**（おおはし りょうたろう）

1999年（卯《うさぎ》年）長野県生まれ。東京理科大学工学部機械工学科在学中。中友会（中国滞在エピソード友の会）青年委員。

2007年～2010年、北京の現地の小学校に通いながら、「毎日小学生新聞」の毎小特派員として中国の出来事を連載。

2011年、「日本語が下手なおじいちゃん」で第21回「島根県雲南市 永井隆平和賞」小学生高学年の部最優秀賞を受賞。2013年、TBS「報道の魂」にて、ドキュメンタリー『遼太郎のひまわり』出演。2022年、「人と人の間に国境は無い」で第5回「忘れられない中国滞在エピソード」（日本僑報社主催）2等賞を受賞。趣味は歌うこと、模型製作、鉄道旅行。

イラスト 東京藝術大学デザイン科 **若狭谷 理紗**（わかさや りさ）

第1回 中友会出版文化賞受賞作

The Duan Press

七歳の僕の留学体験記

2023年3月25日 初版第1刷発行

著　者　大橋 遼太郎（おおはし りょうたろう）

発行者　段 景子

発売所　日本僑報社

〒171-0021 東京都豊島区西池袋3-17-15

TEL03-5956-2808　FAX03-5956-2809

info@duan.jp　http://jp.duan.jp

https://duanbooks.myshopify.com/

 ISBN 978-4-86185-331-9　C0036

俳優 **関口知宏** 著　**新装版**

「ことづくりの国」日本へ

そのための「喜怒哀楽」世界地図

第1位
Amazon
ベストセラー
〈紀行文・旅行記〉
(2014/11/10)
八重洲ブックセンター総合ベストセラー〈ノンフィクション〉(2014/8/31~9/6)

ＮＨＫ「中国鉄道大紀行」で知られる著者が、人の気質要素をそれぞれの国に当てはめてみる「『喜怒哀楽』世界地図」持論を展開。

四六判 248 頁 並製　定価 1800 円 + 税
2018 年刊　ISBN 978-4-86185-266-4

同じ漢字で意味が違う

日本語と中国語の落し穴

用例で身につく「日中同字異義語100」

久佐賀義光 著

"同字異義語" を楽しく解説した人気コラムが書籍化！中国語学習者だけでなく一般の方にも。漢字への理解が深まり話題も豊富に。

四六判 252 頁 並製　定価 1900 円 + 税
2015 年刊　ISBN 978-4-86185-177-3

中国初の国家公園

三江源国家公園 高原動物植物図鑑

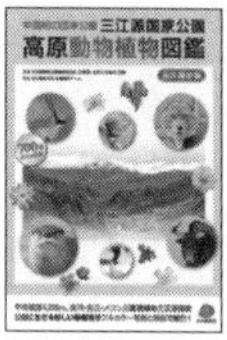

三江源国家公園管理局局長 王湘国、
北京大学教授 呂植 主編
日中翻訳学院 本書翻訳チーム 訳

平均標高 4500m、黄河・長江・メコン川源流域の三江源国家公園に生きる珍しい動植物をフルカラー写真と解説で紹介！

A5 判 548 頁 並製　定価 8800 円 + 税
2022 年刊　ISBN 978-4-86185-274-9

悠久の都 北京

中国文化の真髄を知る

劉一達 著　李濱声 イラスト
日中翻訳学院 本書翻訳チーム 訳

風情豊かなエッセイとイラストで描かれる北京の人々の暮らしを通して、中国文化や中国人の考えがより深く理解できる。国際社会に関心を持つすべての方におすすめの一冊！

四六判 324 頁 並製　定価 3600 円 + 税
2022 年刊　ISBN 978-4-86185-288-6

知日家が語る「日本」

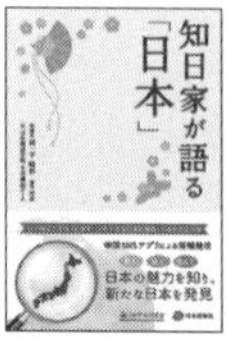

胡一平 喩杉 総編集　庫索 編
日中翻訳学院 本書翻訳チーム 訳

日本の魅力を知り、新たな日本を発見！
「知日派」作家ら 13 人が日本の文化、社会、習慣を分析した、驚きと発見に満ちたエッセイ集。

A5 判 288 頁 並製　定価 2500 円 + 税
2022w 年刊　ISBN 978-4-86185-327-2

中国人ブロガー22人の「ありのまま」体験記

来た！見た！感じた!! ナゾの国 おどろきの国

でも気になる国日本

中国人気ブロガー招へい
プロジェクトチーム 編著
周藤由紀子 訳

誤解も偏見も一見にしかず！SNS大国・中国から来日したブロガーがネットユーザーに発信した「100％体験済み」の日本論。

A5 判 288 頁 並製　定価 2400 円 + 税
2017 年刊　ISBN 978-4-86185-189-6

アメリカの名門CarletonCollege発、全米で人気を博した

悩まない心をつくる人生講義

—タオイズムの教えを現代に活かす—

チーグアン・ジャオ 著
町田晶（日中翻訳学院）訳

2500 年前に老子が説いた教えにしたがい、肩の力を抜いて自然に生きる。難解な老子の哲学を分かりやすく解説し米国の名門カールトンカレッジで好評を博した名講義が書籍化！

四六判 247 頁 並製　定価 1900 円 + 税
2016 年刊　ISBN 978-4-86185-215-2

愛蔵版

中国人の食文化ガイド

心と身体の免疫力を高める秘訣

"料理の鉄人" 陳建一氏 推薦!!

熊四智 著　日中翻訳学院 監訳
山本美那子 訳・イラスト
読売新聞書評掲載（2021/1/24）

第5位　Amazonベストセラー〈中国の地理・地域研究〉(2020/12/2)

四六判 384 頁 並製　定価 3600 円 + 税
2020 年刊　ISBN 978-4-86185-300-5